LE COMTE

DE

MONTE-CHRISTO

PAR

ALEXANDRE DUMAS.

9

PARIS.

PÉTION, LIBRAIRE-ÉDITEUR

DES ŒUVRES COMPLÈTES D'EUGÈNE SUE,

11, RUE DU JARDINET.

1845

LE COMTE
DE
MONTE-CHRISTO.

PARIS. — IMPRIMERIE DE A. HENRY,
RUE GIT-LE-CŒUR, 8.

LE COMTE

DE

MONTE-CHRISTO

PAR

ALEXANDRE DUMAS.

IX.

PARIS,
PÉTION, LIBRAIRE-ÉDITEUR,
11, RUE DU JARDINET.

1845.

LE COMTE
DE
MONTE-CHRISTO.

CHAPITRE PREMIER.

LE TESTAMENT.

(Suite.)

Au bout d'un quart d'heure, tout le monde était réuni dans la chambre du paralytique, et le second notaire était arrivé.

En peu de mots les deux officiers ministériels furent d'accord. On lut à Noirtier une formule de testament vague, banale; puis, pour commencer, pour ainsi dire, l'investigation de son intelligence, le premier notaire, se retournant de son côté, lui dit :

— Lorsqu'on fait son testament, Monsieur, c'est en faveur de quelqu'un ou au préjudice de quelqu'un.

— Oui, fit Noirtier.

— Avez-vous quelque idée du chiffre auquel se monte votre fortune ?

— Oui.

— Je vais vous nommer plusieurs chiffres qui monteront successivement ; vous m'arrêterez quand j'aurai atteint celui que vous croirez être le vôtre.

— Oui.

Il y avait dans cet interrogatoire une espèce de solennité; d'ailleurs jamais la lutte de l'intelligence contre la matière n'avait peut-être été plus visible; et si ce n'était un sublime, comme nous allions le dire, c'était au moins un curieux spectacle.

On faisait cercle autour de Villefort; le second notaire était assis à une table, tout prêt à écrire; le premier notaire se tenait debout devant lui, et interrogeait.

— Votre fortune dépasse trois cent

mille francs? n'est-ce pas? demanda-t-il.

Noirtier fit signe que oui.

— Possédez-vous quatre cent mille francs? demanda le notaire.

Noirtier resta immobile.

— Cinq cent mille?

Même immobilité.

— Six cent mille? sept cent mille? huit cent mille? neuf cent mille?

Noirtier fit signe que oui.

— Vous possédez neuf cent mille francs.

— Oui.

— En immeubles? demanda le notaire.

Noirtier fit signe que non.

— En inscriptions de rentes?

Noirtier fit signe que oui.

— Ces inscriptions sont entre vos mains?

Un coup d'œil adressé à Barrois fit sortir le vieux serviteur qui revint un instant après avec une petite cassette.

— Permettez-vous qu'on ouvre cette cassette? demanda le notaire.

Noirtier fit signe que oui.

On ouvrit la cassette et l'on trouva pour neuf cent mille francs d'inscriptions sur le Grand-Livre.

Le premier notaire passa les unes après les autres chaque inscription à son collègue ; le compte y était, comme l'avait accusé Noirtier.

— C'est bien cela, dit-il ; il est évident que l'intelligence est dans toute sa force et dans toute son étendue.

Puis, se retournant vers le paralytique :

— Donc, lui dit-il, vous possédez neuf cent mille francs de capital, qui, à la façon dont ils sont placés, doivent vous produire quarante mille livres de rentes à peu près?

— Oui, fit Noirtier.

— A qui désirez-vous laisser cette fortune?

— Oh! dit madame de Villefort, cela n'est point douteux; M. Noirtier aime uniquement sa fille, mademoiselle Valentine de Villefort; c'est elle qui le soigne depuis six ans; elle a su captiver par ses soins assidus l'affection de son grand-père, et je dirai presque sa reconnaissance; il est donc juste qu'elle recueille le prix de son dévouement.

L'œil de Noirtier lança un éclair comme

s'il n'était pas dupe de ce faux assentiment donné par madame de Villefort aux intentions qu'elle lui supposait.

— Est-ce donc à mademoiselle Valentine de Villefort que vous laissez ces neuf cent mille francs? demanda le notaire, qui croyait n'avoir plus qu'à enregistrer cette clause, mais qui tenait à s'assurer cependant de l'assentiment de Noirtier, et voulait faire constater cet assentiment par tous les témoins de cette étrange scène.

Valentine avait fait un pas en arrière et pleurait les yeux baissés; le vieillard la regarda un instant avec l'expression d'une profonde tendresse, puis se retournant vers le notaire, il cligna des yeux de la façon la plus significative.

— Non? dit le notaire; comment, ce n'est pas mademoiselle Valentine de Villefort que vous instituez pour votre légataire universelle?

Noirtier fit signe que non.

— Vous ne vous trompez pas? s'écria le notaire étonné; vous dites bien non?

— Non! répéta Noirtier, non!

Valentine releva la tête; elle était stupéfaite, non pas de son exhérédation, mais d'avoir provoqué le sentiment qui dicte d'ordinaire de pareills actes.

Mais Noirtier la regarda avec une si profonde expression de tendresse, qu'elle s'écria :

— Oh! mon bon père, je le vois bien, ce n'est que votre fortune que vous m'ôtez, mais vous me laissez toujours votre cœur?

— Oh! oui, bien certainement, dirent les yeux du paralytique se fermant avec une expression à laquelle Valentine ne pouvait se tromper.

— Merci! merci! murmura la jeune fille.

Cependant ce refus avait fait naître dans le cœur de madame de Villefort une espérance inattendue; elle se rapprocha du vieillard.

— Alors c'est donc à votre petit-fils Édouard de Villefort que vous laissez votre fortune, cher monsieur Noirtier? demanda la mère.

Le clignement des yeux fut terrible : il exprimait presque la haine.

— Non, fit le notaire; alors c'est à monsieur votre fils ici présent?

— Non! répliqua le vieillard.

Les deux notaires se regardèrent stupéfaits; Villefort et sa femme se sentaient rougir, l'un de honte, l'autre de dépit.

— Mais que vous avons-nous donc fait, père? dit Valentine; vous ne nous aimez donc plus?

Le regard du vieillard passa rapidement sur son fils, sur sa belle-fille, et s'arrêta sur Valentine avec une expression de profonde tendresse.

— Et bien! dit-elle, si tu m'aimes, voyons, bon père, tâche d'allier cet amour avec ce que tu fais en ce moment. Tu me connais, tu sais que je n'ai jamais songé à ta fortune : d'ailleurs on dit que je suis riche du côté de ma mère, trop riche même; explique-toi donc.

Noirtier fixa son regard ardent sur la main de Valentine.

— Ma main? dit-elle.

— Oui, fit Noirtier.

— Sa main! répétèrent tous les assistants.

— Ah ! Messieurs, vous voyez bien que tout est inutile, et que mon pauvre père est fou, dit Villefort.

— Oh ! s'écria tout-à-coup Valentine, je comprends ! Mon mariage, n'est-ce pas, bon père ?

— Oui, oui, oui, répéta trois fois le paralytique, lançant un éclair à chaque fois que se relevait sa paupière.

— Tu nous en veux pour le mariage, n'est-ce pas ?

— Oui.

— Mais c'est absurde ! dit Villefort.

— Pardon, Monsieur, dit le notaire, tout cela au contraire est très-logique et me fait l'effet de s'enchaîner parfaitement.

— Tu ne veux pas que j'épouse M. Franz d'Épinay?

— Non, je ne veux pas, exprima l'œil du vieillard.

— Et vous déshéritez votre petite-fille, s'écria le notaire, parce qu'elle fait un mariage contre votre gré?

— Oui, répondit Noirtier.

— De sorte que, sans ce mariage, elle serait votre héritière?

— Oui.

Il se fit alors un silence profond autour du vieillard.

Les deux notaires se consultaient; Valentine, les mains jointes, regardait son grand-père avec un sourire reconnaissant; Villefort mordait ses lèvres minces; madame de Villefort ne pouvait réprimer un sentiment joyeux qui, malgré elle, s'épanouissait sur son visage.

— Mais, dit enfin Villefort rompant le premier ce silence, il me semble que je suis seul juge des convenances qui plaident en faveur de cette union. Seul maître de la main de ma fille, je veux qu'elle épouse M. Franz d'Épinay, et elle l'épousera.

Valentine tomba pleurante sur un fauteuil.

— Monsieur, dit le notaire s'adressant au vieillard, que comptez-vous faire de votre fortune au cas où mademoiselle Valentine épouserait M. Franz?

Le vieillard resta immobile.

— Vous comptez en disposer cependant?

— Oui, fit Noirtier.

— En faveur de quelqu'un de votre famille?

— Non.

— En faveur des pauvres, alors?

— Oui.

— Mais, dit le notaire, vous savez que

la loi s'oppose à ce que vous dépouilliez entièrement votre fils?

— Oui.

— Vous ne disposerez donc que de la partie que la loi vous autorise à distraire?

Noirtier demeura immobile.

— Vous continuez à vouloir disposer de tout?

— Oui.

— Mais après votre mort on attaquera le testament.

— Non.

— Mon père me connaît, Monsieur, dit M. de Villefort, il sait que sa volonté sera sacrée pour moi; d'ailleurs il comprend que dans ma position je ne puis plaider contre les pauvres.

L'œil de Noirtier exprima le triomphe.

— Que décidez-vous, Monsieur? demanda le notaire à Villefort.

— Rien, Monsieur, c'est une résolution prise dans l'esprit de mon père, et je sais que mon père ne change pas de résolution. Je me résigne donc. Ces neuf cent mille francs sortiront de la famille pour aller enrichir les hôpitaux; mais je ne céderai pas à un caprice de vieillard, et je ferai selon ma conscience.

Et Villefort se retira avec sa femme,

laissant son père libre de tester comme il l'entendrait.

Le même jour le testament fut fait; on alla chercher les témoins, il fut approuvé par le vieillard, fermé en leur présence et déposé chez M. Deschamps, le notaire de la famille.

CHAPITRE II.

LE TÉLÉGRAPHE.

M. et madame de Villefort apprirent en rentrant chez eux que M. le comte de Monte-Christo, qui était venu pour leur faire une visite, avait été introduit dans le salon, où il les attendait, madame de Villefort, trop émotionnée pour entrer ainsi tout-à-coup, passa par sa chambre à coucher, tandis que le procureur du Roi, plus sûr de lui-même, s'avança directement vers le salon.

Mais si maître qu'il fût de ses sensation, si bien qu'il sût composer son visage, M. de Villefort ne put si bien écarter le nuage de son front que le comte, dont le sourire brillait radieux, ne remarquât cet air sombre et rêveur.

— Oh! mon Dieu! dit Monte-Christo après les premiers compliments, qu'avez-vous donc, monsieur de Villefort? et suis-je arrivé au moment où vous dressiez quelque accusation un peu trop capitale?

Villefort essaya de sourire.

— Non, monsieur le Comte, dit-il, il n'y a d'autre victime ici que moi. C'est moi qui perds mon procès ; et c'est le hasard, l'entêtement, la folie qui a lancé le réquisitoire.

— Que voulez-vous dire? demanda Monte-Christo avec un intérêt parfaitement joué. Vous est-il, en réalité, arrivé quelque malheur grave?

— Oh! monsieur le Comte, dit Villefort avec un calme plein d'amertume, cela ne vaut pas la peine d'en parler ; presque rien, une simple perte d'argent.

— En effet, répondit Monte-Christo, une perte d'argent est peu de chose avec une fortune comme celle que vous possédez et avec un esprit philosophique et élevé comme l'est le vôtre !

— Aussi, répondit Villefort, n'est-ce point la question d'argent qui me préoccupe, quoique, après tout, neuf cent mille francs vaillent bien un regret, ou tout au moins un mouvement de dépit. Mais je me blesse surtout de cette disposition du sort, du hasard, de la fatalité, je ne sais comment nommer la puissance qui dirige le coup qui me frappe et qui renverse mes espérances de fortune et détruit peut-être l'avenir de ma fille par le caprice d'un vieillard tombé en enfance.

— Eh ! mon Dieu ! qu'est-ce donc ? s'écria le comte. Neuf cent mille francs, avez-vous dit ? Mais, en vérité, comme vous le dites, la somme mérite d'être regrettée même par un philosophe. Et qui vous donne ce chagrin ?

— Mon père, dont je vous ai parlé.

— M. Noirtier, vraiment ! Mais vous m'aviez dit, ce me semble, qu'il était en paralysie complète, et que toutes ses facultés étaient anéanties ?

— Oui, ses facultés physiques, car il ne peut pas remuer, il ne peut point parler, et avec tout cela cependant il pense, il veut, il agit comme vous voyez. Je le quitte il y a cinq minutes, et dans ce moment il est occupé à dicter un testament à deux notaires.

— Mais alors il a parlé ?

— Il a fait mieux, il s'est fait comprendre.

— Comment cela?

— A l'aide du regard; ses yeux ont continué de vivre, et vous voyez, ils tuent.

— Mon ami, dit madame de Villefort, qui venait d'entrer à son tour, peut-être vous exagérez-vous la situation.

— Madame... dit le comte en s'inclinant.

Madame de Villefort salua avec son plus gracieux sourire.

— Mais que me dit donc là M. de Villefort? demanda Monte-Christo ; et quelle disgrâce incompréhensible ?...

— Incompréhensible, c'est le mot! reprit le procureur du roi en haussant les épaules, un caprice de vieillard!

— Et il n'y a pas moyen de le faire revenir sur cette décision ?

— Si fait, dit madame de Villefort ; et il dépend même de mon mari que ce testament, au lieu d'être fait au détriment de Valentine, soit fait au contraire en sa faveur.

Le comte, voyant que les deux époux commençaient à parler par paraboles, prit l'air distrait, et regarda avec l'attention la plus profonde et l'approbation la plus marquée Edouard, qui versait de l'encre dans l'abreuvoir des oiseaux.

— Ma chère, dit Villefort, répondant à sa femme, vous savez que j'aime peu me poser chez moi en patriarche, et que je n'ai jamais cru que le sort de l'univers dépendît d'un signe de ma tête. Cependant il importe que mes décisions soient respectées dans ma famille, et que la folie d'un vieillard et le caprice d'un enfant ne renversent pas un projet arrêté dans mon esprit depuis longues années. Le baron d'Epinay était mon ami, vous le savez, et une alliance avec son fils était des plus convenables.

— Vous croyez, dit madame de Villefort, que Valentine est d'accord avec posée à ce mariage, et je ne serais pas étonnée que tout ce que nous venons de voir et d'entendre ne soit que l'exécution d'un plan concerté entre eux.

— Madame, dit Villefort, on ne renonce pas ainsi, croyez-moi, à une fortune de neuf cent mille francs.

— Elle renonçait bien au monde, Monsieur, puisqu'il y a un an elle voulait entrer dans un couvent.

— N'importe, reprit de Villefort, je dis que ce mariage doit se faire, Madame !

— Malgré la volonté de votre père ? dit madame de Villefort, attaquant une autre corde, c'est bien grave !

Monte-Christo faisait semblant de ne

point écouter, et ne perdait point un mot de ce qui se disait.

— Madame, reprit Villefort, je puis dire que j'ai toujours respecté mon père, parce qu'au sentiment naturel de la descendance se joignait chez moi la conscience de sa supériorité morale, parce qu'enfin un père est sacré à deux titres, sacré comme notre créateur, sacré comme notre maître; mais aujourd'hui je dois renoncer à reconnaître une intelligence dans le vieillard qui, sur un simple souvenir de haine pour le père, poursuit ainsi le fils; il serait donc ridicule à moi de conformer ma conduite à ses caprices. Je continuerai d'avoir le plus grand respect pour M. Noirtier. Je subirai sans me plaindre la punition pécuniaire qu'il m'inflige; mais je resterai immuable dans ma volonté, et le monde appréciera de quel côté était la saine raison. En conséquence, je marierai ma fille au baron Franz d'Epinay, parce que ce mariage est à mon sens bon et honorable, et qu'en définitive je veux marier ma fille à qui me plaît.

— Eh quoi! dit le comte, dont le procureur du roi avait constamment sollicité l'approbation du regard; eh quoi, monsieur Noirtier déshérite, dites-vous, mademoiselle Valentine, parce qu'elle va épouser M. le baron Franz d'Epinay?

— Eh! mon Dieu! oui, Monsieur; voilà la raison, dit Villefort en haussant les épaules.

— La raison visible, du moins, ajouta madame de Villefort.

— La raison réelle, Madame. Croyez-moi, je connais mon père.

— Conçoit-on cela ? répondit la jeune femme ; en quoi, je vous le demande, M. d'Epinay déplaît-il plus qu'un autre à M. Noirtier ?

— En effet, dit le comte, j'ai connu M. Franz d'Épinay ; le fils du général de Quesnel, n'est-ce pas, qui a été fait baron d'Épinay par le roi Charles X ?

— Justement ! reprit Villefort.

— Eh bien ! mais c'est un jeune homme charmant, ce me semble !

— Aussi n'est-ce qu'un prétexte, j'en suis certaine, dit madame de Villefort ; les vieillards sont tyrans de leurs affections; M. Noirtier ne veut pas que sa petite-fille se marie.

— Mais, dit Monte-Christo, ne connaissez-vous pas une cause à cette haine?

— Eh! mon Dieu! qui peut savoir?...

— Quelque antipathie politique peut-être?

— En effet, mon père et le père de M. d'Épinay ont vécu dans des temps orageux dont je n'ai vu que les derniers jours, dit Villefort.

— Votre père n'était-il pas bonapartiste? demanda Monte-Christo. Je crois me rappeler que vous m'avez dit quelque chose comme cela.

— Mon père a été jacobin avant toutes choses, reprit Villefort emporté par son émotion hors des bornes de la prudence, et la robe de sénateur que Napoléon lui avait jetée sur les épaules ne faisait que déguiser le vieil homme, mais sans l'avoir changé. Quand mon père conspirait, ce n'était pas pour l'Empereur, c'était contre les Bourbons; car mon père avait cela de terrible en lui qu'il n'a jamais combattu pour les utopies irréalisables, mais pour les choses possibles, et qu'il a appliqué à la réussite de ces choses possibles ces terribles théories de la Montagne qui ne reculaient devant aucun moyen.

— Eh bien! dit Monte-Christo, voyez-vous, c'est cela, M. Noirtier et M. d'Épinay se seront rencontrés sur le sol de la politique. M. le général d'Épinay, quoique ayant servi sous Napoléon, n'avait-il pas au fond du cœur gardé des sentiments royalistes, et n'est-ce pas le même qui fut assassiné un soir en sortant d'un club napoléonien, où on l'avait attiré dans l'espérance de trouver en lui un frère?

Villefort regarda le comte presque avec terreur.

— Est-ce que je me trompe? dit Monte-Christo.

— Non pas, Monsieur, dit madame de Villefort, et c'est bien cela au contraire, c'est justement à cause de ce que vous venez de dire que pour voir s'éteindre de vieilles haines, M. de Villefort avait eu l'idée de faire aimer deux enfants dont les pères s'étaient haï.

— Idée sublime! dit Monte-Christo, idée pleine de charité et à laquelle le monde devait applaudir. En effet, c'était beau de voir mademoiselle Noirtier de Villefort s'appeler madame Franz d'Épinay.

Villefort tressaillit et regarda Monte-Christo comme s'il eût voulu lire au fond de son cœur l'intention qui avait dicté les paroles qu'il venait de prononcer.

Mais le comte garda le bienveillant sourire stéréotypé sur ses lèvres, et cette fois encore, malgré la profondeur de son regard, le procureur du roi ne vit pas au-delà de l'épiderme.

— Aussi, reprit Villefort, quoique ce soit un grand malheur pour Valentine que de perdre la fortune de son grand-père, je ne crois pas cependant que pour cela le mariage manque ; je ne crois pas que M. d'Épinay recule devant cet échec pécuniaire ; il verra que je vaux peut-être mieux que la somme, moi qui la sacrifie au désir de lui tenir ma parole ; il calculera que Valentine d'ailleurs est riche du bien de sa mère, administré par M. et madame de Saint-Méran, ses aïeuls maternels, qui la chérissent tous deux tendrement.

— Et qui valent bien qu'on les aime et qu'on les soigne comme Valentine a fait pour M. Noirtier, dit madame de Villefort ; d'ailleurs ils vont venir à Paris dans un mois au plus, et Valentine, après un tel affront, sera dispensée de s'enterrer comme elle l'a fait jusqu'ici auprès de M. Noirtier.

Le comte écoutait avec complaisance la voix discordante de ces amours-propres blessés et de ces intérêts meurtris.

— Mais il me semble, dit Monte-Christo, après un instant de silence, et je vous demande pardon d'avance de ce que je vais dire ; il me semble que si M. Noirtier déshérite mademoiselle de Villefort, coupable de se vouloir marier avec un jeune homme dont il a détesté le père, il n'a pas le même tort à reprocher à ce cher Edouard.

— N'est-ce pas, Monsieur, s'écria madame de Villefort avec une intonation impossible à décrire; n'est-ce pas que c'est injuste, odieusement injuste. Ce pauvre Edouard, il est aussi bien le petit-fils de M. Noirtier que Valentine, et cependant si Valentine n'avait pas dû épouser monsieur Franz, M. Noirtier lui laissait tout son bien; et de plus enfin, Edouard porte le nom de la famille, ce qui n'empêche pas que, même en supposant que Valentine soit effectivement déshéritée par son grand-père, elle sera encore trois fois plus riche que lui.

Ce coup porté, le comte écouta et ne parla plus.

— Tenez, reprit Villefort, tenez, monsieur le Comte, cessons, je vous prie, de nous entretenir de ces misères de famille; oui, c'est vrai, ma fortune va grossir le revenu des pauvres, qui sont aujourd'hui les véritables riches. Oui, mon père m'aura frustré d'un espoir légitime, et cela sans raison; mais moi j'aurai agi comme un homme de sens, comme un homme de cœur. M. d'Épinay, à qui j'avais promis le revenu de cette somme, le recevra, dussé-je m'imposer les plus cruelles privations.

— Cependant, reprit madame de Villefort, revenant à la seule idée qui murmurât sans cesse au fond de son cœur, peut-être vaudrait-il mieux que l'on confiât cette mésaventure à M. d'Épinay, et qu'il rendît lui-même sa parole.

— Oh! ce serait un grand malheur! s'écria Villefort.

— Un grand malheur ? répéta Monte-Christo.

— Sans doute, reprit Villefort en se radoucissant ; un mariage manqué, même pour des raisons d'argent, jette de la défaveur sur une jeune fille ; puis, d'anciens bruits que je voulais éteindre reprendraient de la consistance. Mais non, il n'en sera rien. M. d'Épinay, s'il est honnête homme, se verra encore plus engagé par l'exhérédation de Valentine qu'auparavant, autrement il agirait donc dans un simple but d'avarice : non, c'est impossible.

— Je pense comme M. de Villefort, dit Monte-Christo en fixant son regard sur madame de Villefort ; et si j'étais assez de ses amis pour me permettre de lui donner un conseil, je l'inviterais, puisque M. d'Epinay va revenir, à ce que l'on m'a dit du moins, à nouer cette affaire si fortement qu'elle ne se pût dénouer ; j'engagerais enfin une partie dont l'issue doit être si honorable pour M. de Villefort.

Ce dernier se leva, transporté d'une joie visible, tandis que sa femme pâlissait légèrement.

— Bien, dit-il, voilà tout ce que je demandais, et je me prévaudrai de l'opinion d'un conseiller tel que vous, dit-il en tendant la main à Monte-Christo. Ainsi donc que tout le monde ici considère ce qui est arrivé aujourd'hui comme non avenu; il n'y a rien de changé à nos projets.

— Monsieur, dit le comte, le monde, tout injuste qu'il est, vous saura, je vous en réponds, gré de votre résolution ; vos amis en seront fiers, et M. d'Épinay, dût-il prendre mademoiselle de Villefort sans dot, ce qui ne saurait être, sera charmé d'entrer dans une famille où l'on sait s'élever à la hauteur de tels sacrifices pour tenir sa parole et remplir son devoir.

En disant ces mots, le comte s'était levé et s'apprêtait à partir.

— Vous nous quittez, monsieur le Comte ? dit madame de Villefort.

— J'y suis forcé, Madame, je venais seulement vous rappeler votre promesse pour samedi.

— Craigniez-vous que nous l'oubliassions ?

— Vous êtes trop bonne, Madame ; mais M. de Villefort a de si graves et parfois de si urgentes occupations...

— Mon mari a donné sa parole, Monsieur, dit madame de Villefort ; vous venez de voir qu'il la tient quand il a tout à perdre, à plus forte raison quand il a tout à gagner.

— Et, demanda Villefort, est-ce à votre maison des Champs-Élysées que la réunion a lieu ?

— Non pas, dit Monte-Christo, et c'est ce qui rend encore votre dévouement plus méritoire : c'est à la campagne.

— A la campagne?

— Oui.

— Et où cela? près de Paris, n'est-ce pas?

— Aux portes, à une demi-lieue de la barrière, à Auteuil.

— A Auteuil! s'écria Villefort. Ah! c'est vrai, Madame m'a dit que vous demeuriez à Auteuil, puisque c'est chez vous qu'elle a été transportée. Et à quel endroit d'Auteuil?

— Rue de la Fontaine.

— Rue de la Fontaine! reprit Villefort d'une voix étranglée; et à quel numéro?

— Au numéro 28.

— Mais, s'écria Villefort, c'est donc à vous que l'on a vendu la maison de M. de Saint-Méran?

— De M. de Saint-Méran? demanda Monte-Christo. Cette maison appartenait-elle donc à M. de Saint-Méran?

— Oui, reprit madame de Villefort, et croyez-vous une chose, monsieur le Comte?

— Laquelle?

— Vous trouvez cette maison jolie, n'est-ce pas?

— Charmante.

— Eh bien! mon mari n'a jamais voulu l'habiter.

— Oh! reprit Monte-Christo, en vérité, Monsieur, c'est une prévention dont je ne me rends pas compte.

— Je n'aime pas Auteuil, Monsieur, répondit le procureur du Roi, en faisant un effort sur lui-même.

— Mais je ne serai pas assez malheureux, je l'espère, dit avec inquiétude Monte-Christo, pour que cette antipathie me prive du bonheur de vous recevoir.

— Non, monsieur le Comte... j'espère bien... croyez que je ferai tout ce que je pourrai, balbutia Villefort.

— Oh! répondit Monte-Christo, je n'admets pas d'excuse. Samedi, à six heures je vous attends, et si vous ne veniez pas, je croirais, que sais-je moi? qu'il y a sur cette maison inhabitée depuis vingt ans quelque lugubre tradition, quelque sanglante légende.

— J'irai, monsieur le comte, j'irai, dit vivement Villefort.

— Merci, dit Monte-Christo. Maintenant il faut que vous me permettiez de prendre congé de vous.

— En effet, vous avez dit que vous étiez forcé de nous quitter, monsieur le Comte, dit madame de Villefort, et vous alliez même, je crois, nous dire pourquoi faire, quand vous vous êtes interrompu pour passer à une autre idée.

— En vérité, Madame, dit Monte-Christo, je ne sais si j'oserai vous dire où je vais.

— Bah! dites toujours.

— Je vais, en véritable badaud que je suis, visiter une chose qui m'a bien souvent fait rêver des heures entières.

— Laquelle?

— Un télégraphe. Ma foi, tant pis, voilà le mot lâché.

— Un télégraphe! répéta madame de Villefort.

— Eh! mon Dieu, oui, un télégraphe. J'ai vu parfois au bout d'un chemin, sur un tertre, par un beau soleil, se lever ces bras noirs et pliants pareils aux pattes d'un immense coléoptère, et jamais ce ne fut sans émotion, je vous jure, car je pensais que ces signes bizarres fendant l'air avec précision, et portant à trois cents lieues la volonté inconnue d'un homme assis devant une table, à un autre homme assis à l'extrémité de la ligne devant une autre table, se dessinaient sur le gris du nuage ou sur l'azur du ciel, par la seule force du vouloir de ce chef tout-puissant : je croyais alors aux génies, aux sylphes, aux gnomes, aux pouvoirs occultes enfin, et je riais. Or, jamais l'envie ne m'était venue de voir de près ces gros insectes aux ventres blancs, aux pattes noires et maigres, car je craignais de trouver sous leurs ailes de pierre le petit génie humain, bien gourmé, bien pédant, bien bourré de science, de cabale ou de chancellerie. Mais voilà qu'un beau matin, j'ai appris que le moteur de chaque télégraphe était un pauvre diable d'employé à douze cents francs par an, occupé tout le jour à regarder, non pas le ciel comme l'astronome, non pas l'eau comme le pêcheur, non pas le paysage comme un cerveau vide, mais bien l'insecte au ventre blanc, aux pattes noires, son correspondant, placé à quelques quatre ou cinq lieues de lui. Alors je me suis senti pris d'un désir curieux de voir de près cette chrysalide vivante et d'assister à la comédie que du fond de sa coque elle donne à cette autre chrysalide, en tirant les uns après les autres quelques bouts de ficelle.

— Et vous allez là ?

— J'y vais.

— A quel télégraphe? A celui du ministère de l'intérieur, ou de l'Observatoire?

— Oh! non pas! je trouverais là des gens qui voudraient me forcer de comprendre des choses que je veux ignorer et qui m'expliqueraient malgré moi un mystère qu'ils ne connaissent pas. Peste! je veux garder les illusions que j'ai encore sur les insectes; c'est bien assez d'avoir déjà perdu celles que j'avais sur les hommes. Je n'irai donc ni au télégraphe du ministère de l'intérieur, ni au télégraphe de l'Observatoire. Ce qu'il me faut, c'est le télégraphe en plein champ, pour y trouver le pur bonhomme pétrifié dans sa tour.

— Vous êtes un singulier grand seigneur, dit Villefort.

— Quelle ligne me conseillez-vous d'étudier ?

— Mais la plus occupée à cette heure.

— Bon ! celle d'Espagne, alors ?

— Justement.

— Voulez-vous une lettre du ministre pour qu'on vous explique...

— Mais non, dit Monte-Christo, puisque je vous dis, au contraire, que je n'y veux rien comprendre. Du moment où j'y comprendrai quelque chose, il n'y aura plus de télégraphe, il n'y aura plus qu'un signe de M. Duchâtel ou de M. de

Montalivet transmis au préfet de Bayonne et travesti en deux mots grecs — *télé, graphéin*. C'est la bête aux pattes noires et le mot effrayant que je veux conserver dans toute sa pureté et dans toute ma vénération.

— Allez donc, car dans deux heures il fera nuit, et vous ne verrez plus rien.

— Diable! vous m'effrayez! Quel est le plus proche?

— Sur la route de Bayonne?

— Oui, va pour la route de Bayonne!

— C'est celui de Châtillon.

— Et après celui de Châtillon?

— Celui de la tour de Montlhéry, je crois.

— Merci ! au revoir ! Samedi je vous raconterai mes impressions.

A la porte le comte se trouva avec les deux notaires qui venaient de déshériter Valentine, et qui se retiraient enchantés d'avoir fait un acte qui ne pouvait manquer de leur faire grand honneur.

— Ceini de la tour de Montlhéry, je crois.

— Eh bien au revoir! Samedi je vous ai ma, oublicz pas la prochaine.

Et, pour le compte à faire avec le docteur, je ne saurais rien de définitif à tirer là, et je me retournai subitement, craignant en un mot qu'on parvît avoir trouvé un trop grand honneur.

CHAPITRE III.

LE MOYEN DE DÉLIVRER UN JARDINIER DES LOIRS QUI MANGENT SES PÊCHES.

———

Non pas le même soir, comme il l'avait dit, mais le lendemain matin, le comte de Monte-Christo sortit par la barrière d'Enfer, prit la route d'Orléans, dépassa le village de Linas sans s'arrêter au télégraphe, qui, justement au moment où le comte passait, faisait mouvoir ses longs bras décharnés, et gagna la tour de Montlhéry, située, comme chacun sait, sur le point le plus élevé de la plaine de ce nom.

Au pied de la colline, le comte mit pied à terre, et par un petit sentier circulaire, large de dix-huit pouces, commença de gravir la montagne ; arrivé au sommet, il se trouva arrêté par une haie sur laquelle les fruits verts avaient succédé aux fleurs roses et blanches.

Monte-Christo chercha la porte du petit enclos, et ne tarda point à la trouver. C'était une petite herse en bois, roulant sur des gonds d'osier et se fermant avec un clou et une ficelle. En un instant, le comte fut au courant du mécanisme et la porte s'ouvrit.

Le comte se trouva alors dans un petit jardin de vingt pieds de long sur douze de large, borné d'un côté par la partie de la haie dans laquelle était encadré l'ingénieuse machine que nous avons décrite sous le nom de porte ; et de l'autre par la vieille toute ceinte de lierre, toute parsemée de ravenelles et de giroflées.

On n'eût pas dit, à la voir ainsi ridée et fleurie comme une aïeule à qui ses petits-enfants viennent de souhaiter la fête, qu'elle pourrait raconter bien des drames terribles, si elle joignait une voix aux oreilles menaçantes qu'un vieux proverbe donne aux murailles.

On parcourait ce jardin en suivant une

allée sablée de sable rouge, sur lequel mordait, avec des tons qui eussent réjoui l'œil de Delacroix, notre Rubens moderne, une bordure de gros buis, vieille de plusieurs années. Cette allée avait la forme d'un 8, et tournait en s'enlaçant, de manière à faire dans un jardin de vingt pieds une promenade de soixante. Jamais Flore, la riante et fraîche déesse des bons jardiniers latins, n'avait été honorée d'un culte aussi minutieux et aussi pur que l'était celui qu'on lui rendait dans ce petit enclos.

En effet, des vingt rosiers qui composaient le parterre, pas une feuille ne portait la trace de la mouche, pas un filet la petite grappe de pucerons verts qui désolent et rongent les plantes grandissant sur un terrain humide. Ce n'était cepen-

dant point l'humidité qui manquait à ce
jardin : la terre noire comme de la suie,
l'opaque feuillage des arbres, le disaient
assez ; d'ailleurs, l'humidité factice eût
promptement suppléé à l'humidité naturelle, grâce au tonneau plein d'eau crou-
pissante qui creusait un des angles du jardin, et dans lequel stationnaient, sur une
nappe verte, une grenouille et un cra-
paud qui, par incompatibilité d'humeur
sans doute, se tenaient toujours, en se
tournant le dos, aux deux points oppo-
sés du cercle.

D'ailleurs, pas une herbe dans les al-
lées, pas un rejeton parasite dans les
plates-bandes ; une petite maîtresse polit
et émonde avec moins de soin les géra-
niums, les cactus et le rhododendron de
sa jardinière de porcelaine que ne le fai-

sait le maître jusqu'alors invisible du petit enclos.

Monte-Christo s'arrêta après avoir refermé la porte en agrafant la ficelle à son clou, et embrassa d'un regard toute la propriété.

— Il paraît, dit-il, que l'homme du télégraphe a des jardiniers à l'année, ou se livre passionnément à l'agriculture.

Tout-à-coup il se heurta à quelque chose, tapi derrière une brouette chargée de feuillage ; ce quelque chose se redressa en laissant échapper une exclamation qui peignait son étonnement, et Monte-Christo se trouva en face d'un bonhomme d'une cinquante d'années qui ramassait des fraises qu'il plaçait sur des feuilles de vigne.

Il y avait douze feuilles de vigne et presque autant de fraises.

Le bonhomme, en se relevant, faillit laisser choir fraises, feuilles et assiette.

— Vous faites votre récolte, Monsieur? dit Monte-Christo en souriant.

— Pardon, Monsieur, répondit le bonhomme en portant la main à sa casquette, je ne suis pas là-haut, c'est vrai, mais je viens d'en descendre à l'instant même.

— Que je ne vous gêne en rien, mon ami, dit le comte, cueillez vos fraises, si toutefois il vous en reste encore.

— J'en ai encore dix, dit l'homme, car en voici onze, et j'en avais vingt-et-une, cinq de plus que l'année dernière. Mais ce n'est pas étonnant, le printemps a été chaud cette année, et ce qu'il faut aux fraises, voyez-vous, Monsieur, c'est la chaleur. Voilà pourquoi, au lieu de seize que j'ai eues l'année passée, j'en ai cette année, voyez-vous, onze déjà cueillies, douze, treize, quatorze, quinze, seize, dix-sept, dix-huit. Oh! mon Dieu! il m'en manque deux, elles y étaient encore hier, Monsieur, elles y étaient, j'en suis sûr, je les ai comptées. Il faut que ce soit le fils de la mère Simon qui me les ait soufflées; je l'ai vu rôder par ici ce matin. Ah! le petit drôle, voler dans un enclos! il ne sait donc pas où cela peut le mener?

— En effet, dit Monte-Christo, c'est grave, mais vous ferez la part de la jeunesse du délinquant et de sa gourmandise.

— Certainement, dit le jardinier; cependant ce n'en est pas moins fort désagréable. Mais, encore une fois, pardon, Monsieur : c'est peut-être un chef que je fais attendre ainsi?

Et il interrogeait d'un regard craintif le comte et son habit bleu.

— Rassurez-vous, mon ami, dit le comte avec ce sourire qu'il faisait à sa volonté si terrible et si bienveillant, et qui cette fois n'exprimait que la bienveillance, je ne suis point un chef qui vient pour vous inspecter, mais un simple voyageur conduit par la curiosité et qui commence même à se reprocher sa visite en voyant qu'il vous fait perdre votre temps.

— Oh! mon temps n'est pas cher, répliqua le bonhomme avec un sourire mélancolique. Cependant c'est le temps du gouvernement et je ne devrais pas le perdre, mais j'avais reçu le signal qui m'annonçait que je pouvais me reposer une heure (il jeta les yeux sur un cadran solaire, car il y avait de tout dans l'enclos de la tour de Montlhéry, même un cadran solaire), et, vous le voyez, j'avais encore dix minutes devant moi, puis mes fraises étaient mûres, et un jour de plus... D'ailleurs, croiriez-vous, Monsieur, que les loirs me les mangent?

— Ma foi, non, je ne l'aurais pas cru, répondit gravement Monte-Christo ; c'est un mauvais voisinage, Monsieur, que celui des loirs, pour nous qui ne les mangeons pas confits dans du miel comme faisaient les Romains.

— Ah ! les Romains les mangeaient ? fit le jardinier, ils mangeaient les loirs ?

— J'ai lu cela dans Pétrone, dit le comte.

— Vraiment ? Ça ne doit pas être bon, quoiqu'on dise : Gras comme un loir. Et ce n'est pas étonnant, Monsieur, que les loirs soient gras, attendu qu'ils dorment toute la sainte journée, et qu'ils ne se réveillent que pour ronger toute la nuit. Tenez, l'an dernier, j'avais quatre abricots ; ils m'en ont entamé un. J'avais un brugnon, un seul, il est vrai que c'est un fruit rare ; eh bien ! Monsieur, ils me l'ont à moitié dévoré du côté de la muraille ; un brugnon superbe et qui était excellent. Je n'en ai jamais mangé de meilleur.

— Vous l'avez mangé? demanda Monte-Christo.

— C'est-à-dire la moitié qui restait, vous comprenez bien. C'était exquis, Monsieur. Ah dame ! ces messieurs-là ne choisissent pas les pires morceaux. C'est comme le fils de la mère Simon, il n'a pas choisi les plus mauvaises fraises, allez ! Mais cette année, continua l'horticulteur, soyez tranquille, cela ne m'arrivera pas, dussé-je, quand les fruits seront près de mûrir, passer la nuit pour les garder.

Monte-Christo en avait assez vu. Chaque homme a sa passion qui le mord au fond du cœur, comme chaque fruit son ver ; celle de l'homme au télégraphe, c'était l'horticulture.

Il se mit à cueillir les feuilles de vigne qui cachaient les grappes au soleil, et se conquit par là le cœur du jardinier.

— Monsieur était venu pour voir le télégraphe ? dit-il.

— Oui, Monsieur ; si toutefois cela n'est pas défendu par les règlements ?

— Oh ! pas défendu le moins du monde,

dit le jardinier, attendu qu'il n'y a rien de dangereux, vu que personne ne sait ni ne peut savoir ce que nous disons.

— On m'a dit, en effet, reprit le comte, que vous répétiez des signaux que vous ne compreniez pas vous-même.

— Certainement, Monsieur, et j'aime bien mieux cela, dit en riant l'homme du télégraphe.

— Pourquoi aimez-vous mieux cela ?

— Parce que, de cette façon, je n'ai pas de responsabilité. Je suis une machine, moi, et pas autre chose, et pourvu que je fonctionne, on ne m'en demande pas davantage.

— Diable ! fit Monte-Christo en lui-même, est-ce que par hasard je serais tombé sur un homme qui n'aurait pas d'ambition? Morbleu! ce serait jouer de malheur.

— Monsieur, dit le jardinier en jetant un coup d'œil sur son cadran solaire, les dix minutes vont expirer, je retourne à mon poste. Vous plaît-il de monter avec moi?

— Je vous suis.

Monte-Christo entra en effet dans la tour divisée en trois étages; celui du bas contenait quelques instruments aratoires, tels que bêches, rateaux, arrosoirs, dressés contre la muraille; c'était tout l'ameublement.

Le second était l'habitation ordinaire

ou plutôt nocturne de l'employé ; il contenait quelques pauvres ustensiles de ménage, un lit, une table, deux chaises, une fontaine de grès, plus quelques herbes sèches pendues au plafond, et que le comte reconnut pour des pois de senteur et des haricots d'Espagne dont le bonhomme conservait la graine dans sa coque; il avait étiqueté tout cela avec le soin d'un maître botaniste du Jardin des Plantes.

— Faut-il passer beaucoup de temps à étudier la télégraphie, Monsieur? demanda Monte-Christo.

— Ce n'est pas l'étude qui est longue, c'est le surnumérariat.

— Et combien reçoit-on d'appointements?

— Mille francs, Monsieur.

— Ce n'est guère.

— Non ; mais on est logé, comme vous voyez.

Monte-Christo regarda la chambre.

— Pourvu qu'il n'aille pas tenir à son logement ! murmura-t-il.

On passa au troisième étage : c'était la chambre du télégraphe. Monte-Christo regarda tour à tour les deux poignées de fer à l'aide desquelles l'employé faisait jouer la machine.

— C'est fort intéressant, dit-il, mais à la longue c'est une vie qui doit vous paraître un peu insipide ?

— Oui, dans le commencement cela donne le torticolis à force de regarder, mais au bout d'un an ou deux on s'y fait; puis nous avons nos heures de récréation et nos jours de congé.

— Vos jours de congé!

— Oui.

— Lesquels?

— Ceux où il fait du brouillard.

— Ah! c'est juste.

— Ce sont mes jours de fête, à moi; je descends dans le jardin ces jours-là, et je plante, je taille, je rogne, j'échenille, en somme le temps passe.

— Depuis combien de temps êtes-vous ici ?

— Depuis dix ans, et cinq ans de surnumérariat, quinze.

— Vous avez...

— Cinquante-cinq ans.

— Combien de temps de service vous faut-il pour avoir la pension ?

— Oh ! Monsieur, vingt-cinq ans.

— Et de combien est cette pension ?

— De cent écus.

— Pauvre humanité ! murmura Monte-Christo.

— Vous dites, Monsieur..... demanda l'employé.

— Je dis que c'est fort intéressant.

— Quoi ?

— Tout ce que vous me montrez... Et vous ne comprenez rien absolument à vos signes ?

— Rien absolument.

— Vous n'avez jamais essayé de comprendre ?

— Jamais; pourquoi faire ?

— Cependant il y a des signaux qui s'adressent à vous directement.

— Sans doute.

— Et ceux-là vous les comprenez.

— Ce sont toujours les mêmes.

— Et ils disent?...

— *Rien de nouveau... vous avez une heure... ou à demain.*

— Voilà qui est parfaitement innocent, dit le comte ; mais regardez donc, ne voilà-t-il pas votre correspondant qui se met en mouvement?

— Ah! c'est vrai ; merci, Monsieur.

— Et que vous dit-il? est-ce quelque chose que vous comprenez?

— Oui ; il me demande si je suis prêt.

— Et vous lui répondez ?

— Par un signe, qui apprend en même temps à mon correspondant de droite que je suis prêt, tandis qu'il invite mon correspondant de gauche à se préparer à son tour.

— C'est très-ingénieux, dit le comte.

— Vous allez voir, reprit avec orgueil le bonhomme, dans cinq minutes il va parler.

— J'ai cinq minutes alors, dit Monte-Christo, c'est plus de temps qu'il ne m'en faut. Mon cher Monsieur, dit-il, permettez-moi de vous faire une question ?

— Faites.

— Vous aimez le jardinage ?

— Avec passion.

— Et vous seriez heureux, au lieu d'avoir une terrasse de vingt pieds, d'avoir un enclos de deux arpents ?

— Monsieur, j'en ferais un paradis terrestre.

— Avec vos mille francs vous vivez mal ?

— Assez mal ; mais enfin je vis.

— Oui ; mais vous n'avez qu'un jardin misérable.

— Ah ! c'est vrai, le jardin n'est pas grand.

— Et encore, tel qu'il est, il est peuplé de loirs qui dévorent tout.

— Ça c'est mon fléau.

— Dites-moi, si vous aviez le malheur de tourner la tête quand le correspondant de droite va marquer?...

— Je ne le verrais pas.

— Alors qu'arriverait-il ?

— Que je ne pourrais pas répéter ses signaux.

— Et après ?...

— Il arriverait que ne les ayant pas répétés par négligence, je serais mis à l'amende.

— De combien ?

— De cent francs.

— Le dixième de votre revenu ; c'est joli !

— Ah ! fit l'employé.

— Cela vous est arrivé ? dit Monte-Christo.

— Une fois, Monsieur, une fois que je greffais un rosier noisette.

— Bien. Maintenant, si vous vous avisiez de changer quelque chose au signal ou d'en transmettre un autre ?

— Alors, c'est différent, je serais renvoyé et je perdrais ma pension.

— Trois cents francs?

— Cent écus, oui, Monsieur; aussi vous comprenez que jamais je ne ferais rien de tout cela.

— Pas même pour quinze ans de vos appointements? Voyons, ceci mérite réflexion, hein?

— Pour quinze mille francs?

— Oui.

— Monsieur, vous m'effrayez.

— Bah!

— Monsieur, vous voulez me tenter?

— Justement! Quinze mille francs, comprenez-vous?

— Monsieur, laissez-moi regarder mon correspondant de droite !

— Au contraire, ne le regardez pas et regardez ceci.

— Qu'est-ce que c'est ?

— Comment ! vous ne connaissez pas ces petits papiers-là ?

— Des billets de banque !

— Carrés ; il y en a quinze.

— Et à qui sont-ils ?

— A vous, si vous voulez.

— A moi ! s'écria l'employé suffoqué.

— Oh! mon Dieu! oui, à vous, en toute propriété.

— Monsieur, voilà mon correspondant de droite qui marche.

— Laissez-le marcher.

— Monsieur, vous m'avez distrait, et je vais être à l'amende.

— Cela vous coûtera cent francs ; vous voyez bien que vous avez tout intérêt à prendre mes quinze billets de banque.

— Monsieur, le correspondant de droite s'impatiente, il redouble ses signaux.

— Laissez-le faire et prenez.

Le comte mit le paquet dans la main de l'employé.

— Maintenant, dit-il, ce n'est pas tout : avec vos quinze mille francs vous ne vivrez pas.

— J'aurai toujours ma place.

— Non, vous la perdrez ; car vous allez faire un autre signe que celui de votre correspondant.

— Oh! Monsieur, que me proposez-vous là ?

— Un enfantillage.

— Monsieur, à moins que d'y être forcé...

— Je compte bien vous forcer effectivement.

— Et Monte-Christo tira de sa poche un autre paquet.

— Voici dix autres mille francs, dit-il; avec les quinze qui sont dans votre poche, cela fera vingt-cinq mille. Avec cinq mille francs vous achèterez une jolie petite maison et deux arpents de terre, avec les vingt mille autres vous vous ferez mille francs de rente.

— Un jardin de deux arpents?

— Et mille francs de rente.

— Mon Dieu! mon Dieu!

— Mais prenez donc!

Et Monte-Christo mit de force les dix mille francs dans la main de l'employé.

— Que dois-je faire ?

— Rien de bien difficile.

— Mais enfin ?

— Répéter les signes que voici.

Monte-Christo tira de sa poche un papier sur lequel il y avait trois signes tout tracés, des numéros indiquant l'ordre dans lequel ils devaient être faits.

— Ce ne sera pas long, comme vous voyez.

— Oui, mais...

— C'est pour le coup que vous aurez des brugnons, et de reste.

Le coup porta ; rouge de fièvre et suant à grosses gouttes, le bonhomme exécuta les uns après les autres les trois signes donnés par le comte, malgré les effrayantes dislocations du correspondant de droite, qui, ne comprenant rien à ce changement, commençait à croire que l'homme aux brugnons était devenu fou.

Quant au correspondant de gauche, il répéta consciencieusement les mêmes signaux, qui furent recueillis définitivement au ministère de l'intérieur.

— Maintenant, vous voilà riche, dit Monte-Christo.

— Oui, répondit l'employé, mais à quel prix ?

— Ecoutez, mon ami, dit Monte-Christo, je ne veux pas que vous ayez des remords ; croyez-moi donc, car, je vous le jure, vous n'avez fait de tort à personne, et vous avez servi les projets de Dieu.

L'employé regardait les billets de banque, les palpait, les comptait ; il était pâle, il était rouge ; enfin il se précipita vers sa chambre pour boire un verre d'eau ; mais il n'eut pas le temps d'arriver jusqu'à la fontaine, et il s'évanouit au milieu de ses haricots secs.

Cinq minutes après que la nouvelle télégraphique fut arrivée au ministère,

Debray fit mettre les chevaux à son coupé, et courut chez Danglars.

— Votre mari a des coupons de l'emprunt espagnol? dit-il à la baronne.

— Je le crois bien! il en a pour six millions.

— Qu'il les vende à quelque prix que ce soit.

— Pourquoi cela?

— Parce que don Carlos s'est sauvé de Bourges et est rentré en Espagne.

— Comment savez-vous cela?

— Parbleu! dit Debray en haussant les épaules, comme je sais les nouvelles.

La baronne ne se le fit pas répéter à deux fois : elle courut chez son mari, lequel à son tour courut chez son agent de change et lui ordonna de vendre à tout prix.

Quand on vit que Danglars vendait, les fonds espagnols baissèrent aussitôt. Danglars y perdit cinq cent mille francs, mais il se débarrassa de tous ses coupons.

Le soir on lut dans *le Messager* :

Dépêche télégraphique.

« Le roi don Carlos a échappé à la surveillance qu'on exerçait sur lui à Bourges, et est rentré en Espagne par la frontière de Catalogne. Barcelone s'est soulevée en sa faveur. »

Pendant toute la soirée il ne fut bruit que de la prévoyance de Danglars qui avait vendu ses coupons, et du bonheur de l'agioteur qui ne perdait que cinq cent mille francs sur un pareil coup.

Ceux qui avaient conservé leurs coupons ou acheté ceux de Danglars se regardèrent comme ruinés et passèrent une fort mauvaise nuit.

Le lendemain, on lut dans *le Moniteur* :

« C'est sans aucun fondement que *le Messager* a annoncé hier la fuite de don Carlos et la révolte de Barcelone.

« Le roi don Carlos n'a pas quitté Bourges, et la Péninsule jouit de la plus profonde tranquillité.

« Un signe télégraphique, mal interprété à cause du brouillard, a donné lieu à cette erreur. »

Les fonds remontèrent d'un chiffre double de celui où ils étaient descendus.

Cela fit, en perte et en manque à gagner, un million de différence pour Danglars.

— Bon! dit Monte-Christo à Morrel, qui se trouvait chez lui au moment où on annonçait l'étrange revirement de bourse dont Danglars avait été victime; je viens de faire pour vingt-cinq mille francs une découverte que j'eusse payée cent mille.

— Que venez-vous donc de découvrir? demanda Maximilien.

— Je viens de découvrir le moyen de délivrer un jardinier des loirs qui lui mangeaient ses pêches.

CHAPITRE IV.

LES FANTOMES.

A la première vue, et examinée du dehors, la maison d'Auteuil n'avait rien de splendide, rien de ce qu'on pouvait attendre d'une habitation destinée au magnifique comte de Monte-Christo; mais cette simplicité tenait à la volonté du maître, qui avait positivement ordonné que rien ne fût changé à l'extérieur ; il n'était besoin pour s'en convaincre que de considérer l'intérieur. En effet, à peine la porte était-elle ouverte que le spectacle changeait.

M. Bertuccio s'était surpassé lui-même pour le goût des ameublements et la rapidité de l'exécution : comme autrefois le duc d'Autin avait fait abattre en une nuit une allée d'arbres qui gênait le regard de Louis XIV, de même en trois jours M. Bertuccio avait fait planter une cour entièrement nue, et de beaux peupliers, des sycomores, venus avec leurs blocs énormes de racines, ombrageaient la façade principale de la maison, devant laquelle, au lieu de pavés à moitié cachés par l'herbe, s'étendait une pelouse de gazon, dont les plaques avaient été posées le matin même, et formait un vaste tapis où perlait encore l'eau dont on l'avait arrosé.

Au reste, les ordres venaient du comte; lui-même avait remis à Bertuccio un plan où était indiqué le nombre et la place des arbres qui devaient être plantés, la forme et l'espace de la pelouse qui devait succéder aux pavés.

Vue ainsi, la maison était devenue méconnaissable; et Bertuccio lui-même protestait qu'il ne la reconnaissait plus, emboîtée qu'elle était dans son cadre de verdure.

L'intendant n'eût pas été fâché, tandis qu'il y était, de faire subir quelques transformations au jardin, mais le comte avait positivement défendu qu'on y touchât en rien. Bertuccio s'en dédommagea en encombrant de fleurs les antichambres, les escaliers et les cheminées.

Ce qui annonçait l'extrême habileté de l'intendant et la profonde science du maître, l'un pour servir, l'autre pour se faire servir, c'est que cette maison, déserte depuis vingt années, si sombre et si triste encore la veille, toute imprégnée qu'elle était de cette fade odeur qu'on pourrait appeler l'odeur du temps, avait pris en un jour, avec l'aspect de la vie, les parfums que préférait le maître, et jusqu'au degré de son jour favori ; c'est que le comte, en arrivant, avait là sous sa main ses livres et ses armes ; sous ses yeux ses tableaux préférés; dans les antichambres les chiens dont il aimait les caresses, les oiseaux dont il aimait le chant; c'est que toute cette maison, réveillée de son long sommeil comme le palais de la Belle au bois dormant, vivait, chantait, s'épanouissait; pareille à ces maisons que nous avons depuis longtemps chéries, et dans lesquelles, lorsque par malheur nous les quittons, nous laissons involontairement une partie de notre ame.

Les domestiques allaient et venaient joyeux dans cette belle cour : les uns possesseurs des cuisines, et glissant, comme s'ils eussent toujours habité cette maison, dans des escaliers restaurés de la veille; les autres pleuplant les remises, où les équipages, numérotés et casés, semblaient installés depuis cinquante ans;

et les écuries, où les chevaux au ratelier répondaient en hennissant aux palefreniers qui leur parlaient avec infiniment plus de respect que beaucoup de domestiques ne parlent à leurs maîtres.

La bibliothèque était disposée sur deux corps, aux deux côtés de la muraille, et contenait deux mille volumes à peu près : tout un compartiment était destiné aux romans modernes, et celui qui avait paru la veille était déjà rangé à sa place, se pavanant dans sa reliure rouge et or.

De l'autre côté de la maison, faisant pendant à la bibliothèque, il y avait la serre, garnie de plantes rares et s'épanouissant dans de larges potiches japonaises, et au milieu de la serre, merveille à la fois des yeux et de l'odorat, un billard que l'on eût dit abandonné depuis une heure au plus par les joueurs, qui avaient laissé mourir les billes sur le tapis.

Une seule chambre avait été respectée par le magnifique Bertuccio. Devant cette chambre, située à l'angle gauche du premier étage, à laquelle on pouvait monter par le grand escalier, et dont on pouvait sortir par l'escalier dérobé, les domestiques passaient avec curiosité et Bertuccio avec terreur.

A cinq heures précises, le comte arriva, suivi d'Ali, devant la maison d'Auteuil. Bertuccio attendait cette arrivée avec une impatience mêlée d'inquiétude; il espérait quelques compliments, tout en redoutant un froncement de sourcils.

Monte-Christo descendit dans la cour, parcourut toute la maison et fit le tour du jardin, silencieux et sans donner le moindre signe d'approbation ni de mécontentement.

Seulement, en entrant dans sa chambre à coucher située du côté opposé à la chambre fermée, il étendit la main vers le tiroir d'un petit meuble en bois de rose, qu'il avait déjà distingué à son premier voyage.

— Cela ne peut servir qu'à mettre des gants, dit-il.

— En effet, Excellence, répondit Bertuccio ravi, ouvrez, et vous y trouverez des gants.

Dans les autres meubles, le comte trouva encore ce qu'il comptait y trouver, flacons, cigares, bijoux.

— Bien! dit-il encore.

Et M. Bertuccio se retira l'ame ravie, tant était grande, puissante et réelle, l'influence de cet homme sur tout ce qui l'entourait.

A six heures précises, on entendit piétiner un cheval devant la porte d'entrée. C'était notre capitaine des spahis qui arrivait sur *Médéah*.

Monte-Christo l'attendait sur le perron, le sourire aux lèvres.

— Me voilà le premier ; j'en suis bien sûr, lui cria Morrel ; je l'ai fait exprès pour vous avoir un instant à moi seul avant tout le monde. Julie et Emmanuel vous disent des millions de choses. Ah ! mais, savez-vous que c'est magnifique ici ? Dites-moi, Comte, est-ce que vos gens auront bien soin de mon cheval ?

— Soyez tranquille, mon cher Maximilien, ils s'y connaissent.

— C'est qu'il a besoin d'être bouchonné. Si vous saviez de quel train il a été ! Une véritable trombe.

— Peste, je le crois bien, un cheval de cinq mille francs ! dit Monte-Christo du ton qu'un père mettrait à parler à son fils.

— Vous les regrettez? dit Morrel avec son franc sourire.

— Moi! Dieu m'en préserve! répondit le comte. Non. Je regretterais seulement que le cheval ne fût pas bon.

— Il est si bon, mon cher Comte, que M. de Château-Renaud, l'homme le plus connaisseur de France, et M. Debray qui monte les arabes du ministère, courent après moi en ce moment, et sont un peu distancés, comme vous voyez, et encore sont-ils talonnés par les chevaux de la baronne Danglars qui vont d'un trot à faire tout bonnement leurs six lieues à l'heure.

— Alors, ils vous suivent, demanda Monte-Christo.

— Tenez, les voilà.

En effet, au moment même, un coupé à l'attelage tout fumant et deux chevaux de selle hors d'haleine arrivèrent devant la grille de la maison, qui s'ouvrit devant eux. Aussitôt le coupé décrivit son cercle, et vint s'arrêter au perron, suivi des deux cavaliers.

En un instant Debray eut mis pied à terre, et se trouva à la portière. Il offrit sa main à la baronne, qui lui fit en descendant un geste imperceptible pour tout autre que pour Monte-Christo.

Mais le comte ne perdait rien, et dans ce geste il vit reluire un petit billet blanc aussi imperceptible que le geste, et qui passa avec une aisance qui indiquait l'habitude de cette manœuvre de la main de madame Danglars dans celle du secrétaire du ministre.

Derrière sa femme descendit le banquier, pâle comme s'il fût sorti du sépulcre, au lieu de sortir de son coupé.

Madame Danglars jeta autour d'elle un regard rapide et investigateur que Monte-Christo seul put comprendre, et dans lequel elle embrassa la cour, le péristyle, la façade de la maison ; puis, réprimant une légère émotion, qui se fût certes traduite sur son visage, s'il eût été permis à son visage de pâlir, elle monta le perron tout en disant à Morrel :

— Monsieur, si vous étiez de mes

amis, je vous demanderais si votre cheval est à vendre.

Morrel fit un sourire qui ressemblait fort à une grimace, et se retourna vers Monte-Christo, comme pour le prier de le tirer de l'embarras où il se trouvait.

Le comte le comprit.

— Ah! Madame, répondit-il, pourquoi n'est-ce point à moi que cette demande s'adresse?

— Avec vous, Monsieur, dit la baronne, on n'a le droit de rien désirer, car on est trop sûre d'obtenir. Aussi était-ce à M. Morrel...

— Malheureusement, reprit le comte,

je suis témoin que M. Morel ne peut céder son cheval, son honneur étant engagé à ce qu'il le garde.

— Comment cela ?

— Il a parié dompter *Médéah* dans l'espace de six mois. Vous comprenez maintenant, Baronne, que s'il s'en défaisait avant le terme fixé par le pari, non-seulement il le perdrait, mais encore on dirait qu'il a eu peur ; et un capitaine de spahis, même pour passer un caprice à une jolie femme, ce qui est, à mon avis, une des choses les plus sacrées de ce monde, ne peut laisser courir un pareil bruit.

— Vous voyez, Madame... dit Morrel

tout en adressant à Monte-Christo un sourire reconnaissant.

— Il me semble d'ailleurs, dit Danglars avec un ton bourru mal déguisé par son sourire épais, que vous en avez assez comme cela de chevaux.

Ce n'était point l'habitude de madame Danglars de laisser passer de pareilles attaques sans y riposter, et cependant, au grand étonnement des jeunes gens, elle fit semblant de ne pas entendre et ne répondit rien.

Monte-Christo souriait à ce silence, qui dénonçait une humilité inaccoutumée, tout en montrant à la baronne deux immenses pots de porcelaine de Chine, sur lesquels serpentaient des végétations marines d'une grosseur et d'un travail tels, que la nature seule peut avoir cette richesse, cette sève et cet esprit.

La baronne était émerveillée.

— Eh! mais, on planterait là-dedans un marronnier des Tuileries! dit-elle; comment donc a-t-on jamais pu faire cuire de pareilles énormités?

— Ah! Madame, dit Monte-Christo, il ne faut pas nous demander cela, à nous autres faiseurs de statuettes et de verre-mousseline; c'est un travail d'un autre âge, une espèce d'œuvre des génies de la terre et de la mer.

— Comment cela? et de quelle époque cela peut-il être?

— Je ne sais pas ; seulement j'ai ouï dire qu'un empereur de la Chine avait fait construire un four exprès; que dans ce four, les uns après les autres, on avait fait cuire douze pots pareils à ceux-ci. Deux se brisèrent sous l'ardeur du feu : on descendit les dix autres à trois cents brasses au fond de la mer. La mer, qui savait ce que l'on demandait d'elle, jeta sur eux ses lianes, tordit ses coraux, incrusta ses coquilles ; le tout fut cimenté par deux cents années sous ces profondeurs inouïes, car une révolution emporta l'empereur, qui avait voulu faire cet essai et ne laissa que le procès-verbal qui constatait la cuisson des vases et leur descente au fond de la mer. Au bout de deux cents ans on retrouva le procès-verbal, et l'on songea à retirer les vases. Des plongeurs allèrent, sous des machines faites exprès, à la découverte dans la baie où on les avait jetés ; mais sur les dix on n'en retrouva plus que trois, les autres avaient été dispersés et brisés par les flots. J'aime ces vases, au fond desquels je me figure parfois que des monstres informes, effrayants, mystérieux et pareils à ceux que voient les seuls plongeurs, ont fixé avec étonnement leur regard terne et froid, et dans lesquels ont dormi des myriades de petits poissons qui s'y réfugiaient pour fuir la poursuite de leurs ennemis.

Pendant ce temps, Danglars, peu amateur de curiosités, arrachait machinalement, et l'une après l'autre, les fleurs d'un magnifique oranger ; quand il eut fini avec l'oranger, il s'adressa à un cactus ; mais alors le cactus, d'un caractère moins facile que l'oranger, le piqua outrageusement.

Alors il tressaillit et se frotta les yeux comme s'il sortait d'un songe.

— Monsieur, lui dit Monte-Christo en souriant, vous qui êtes amateur de tableaux et qui avez de si magnifiques choses, je ne vous recommande pas les miens. Cependant voici deux Hobbema, un Paul Potter, un Mieris, deux Gérard Dow, un Raphaël, un Van-Dyck, un Zurbaran et deux ou trois Murillo qui sont dignes de vous être présentés.

— Tiens ! dit Debray, voici un Hobbema que je reconnais.

— Ah ! vraiment !

— Oui, on est venu le proposer au Musée.

— Qui n'en n'a pas, je crois ? hasarda Monte-Christo.

— Non, et qui cependant a refusé de l'acheter.

— Pourquoi cela ? demanda Château-Renaud.

— Vous êtes charmant, vous ; parce que le gouvernement n'est point assez riche.

— Ah ! pardon ! dit Château-Renaud. J'entends dire cependant de ces choses-là tous les jours depuis huit ans, et je ne puis pas encore m'y habituer.

— Cela viendra, dit Debray.

— Je ne crois pas, répondit Château-Renaud.

— M. le major Bartolomeo Cavalcanti, M. le comte Andrea Cavalcanti, annonça Baptistin.

Un col de satin noir sortant des mains du fabricant, une barbe fraîche, des moustaches grises, l'œil assuré, un habit de major orné de trois plaques et de cinq croix, en somme une tenue irréprochable de vieux soldat, tel apparut le major Bartolomeo Cavalcanti, ce tendre père que nous connaissons.

Près de lui, couvert d'habits tout flambants neufs, s'avançait, le sourire

sur les lèvres, le comte Andrea Cavalcanti, ce respectueux fils que nous connaissons encore.

Les trois jeunes gens causaient ensemble ; leurs regards se portèrent du
père au fils, et s'arrêtèrent tout naturellement plus longtemps sur ce dernier,
qu'ils détaillèrent.

— Cavalcanti ! dit Debray.

— Un beau nom, fit Morrel, peste !

— Oui, dit Château-Renaud, c'est
vrai, ces Italiens se nomment bien, mais
ils s'habillent mal.

— Vous êtes difficile, Château-Renaud, reprit Debray, ces habits sont d'un
excellent faiseur, et tout neufs.

— Voilà justement ce que je leur reproche. Ce monsieur a l'air de s'habiller aujourd'hui pour la première fois.

— Qu'est-ce que ces messieurs? demanda Danglars au comte de Monte-Christo.

— Vous avez entendu, des Cavalcanti.

— Cela m'apprend leur nom, et voilà tout.

— Ah! c'est vrai, vous n'êtes pas au courant de nos noblesses d'Italie; qui dit Cavalcanti, dit race de princes.

— Belle fortune? demanda le banquier.

— Fabuleuse.

— Que font-ils ?

— Ils essaient de la manger sans pouvoir en venir à bout. Ils ont d'ailleurs des crédits sur vous, à ce qu'ils m'ont dit en me venant voir avant-hier. Je les ai même invités à votre intention. Je vous les présenterai.

— Mais, il me semble qu'ils parlent très-purement le français, dit Danglars.

— Le fils a été élevé dans un collège du Midi, à Marseille ou dans les environs, je crois. Vous le trouverez dans l'enthousiasme.

— De quoi ? demanda la baronne.

— Des Françaises, Madame. Il veut absolument prendre femme à Paris.

— Une belle idée qu'il a là ! dit Danglars en haussant les épaules.

Madame Danglars regarda son mari avec une expression qui, dans tout autre moment, eût présagé un orage; mais pour la seconde fois elle se tut.

— Le baron paraît bien sombre aujourd'hui, dit Monte-Christo à madame Danglars ; est-ce qu'on voudrait le faire ministre, par hasard?

— Non, pas encore, que je sache. Je crois plutôt qu'il aura joué à la Bourse, qu'il aura perdu, et qu'il ne sait à qui s'en prendre.

— M. et madame de Villefort! cria Baptistin.

Les deux personnes annoncées entrèrent; M. de Villefort, malgré sa puissance sur lui-même, était visiblement ému. En touchant sa main, Monte-Christo sentit qu'elle tremblait.

— Décidément il n'y a que les femmes pour savoir dissimuler, se dit Monte-Christo à lui-même et en regardant madame Danglars qui souriait au procureur du roi et qui embrassait sa femme.

Après les premiers compliments, le comte vit Bertuccio qui, occupé jusque-là du côté de l'office, se glissait dans un petit salon attenant à celui dans lequel on se trouvait.

Il alla à lui.

— Que voulez-vous, M. Bertuccio? lui dit-il.

— Son Excellence ne m'a pas dit le nombre de ses convives.

— Ah! c'est vrai.

— Combien de couverts?

— Comptez vous-même.

— Tout le monde est-il arrivé, Excellence?

— Oui.

Bertuccio glissa son regard à travers la porte entrebâillée.

Monte-Christo le couvait des yeux.

— Ah! mon Dieu! s'écria-t-il.

— Quoi donc! demanda le comte?

— Cette femme!... cette femme!...

— Laquelle?

— Celle qui a une robe blanche et tant de diamants!... la blonde!...

— Madame Danglars?

— Je ne sais pas comment on la nomme. Mais c'est elle! Monsieur, c'est elle!

— Qui? elle?

— La femme du jardin ! celle qui était enceinte ! celle qui se promenait en attendant !... en attendant !...

Bertuccio demeura la bouche ouverte, pâle et les cheveux hérissés.

— En attendant qui ?

Bertuccio, sans répondre, montra Villefort du doigt, à peu près du même geste dont Macbeth montra Banco.

— Oh !... oh !... murmura-t-il enfin, voyez-vous ?

— Quoi ? qui ?

— Lui !

— Lui !... M. le procureur du roi Villefort ? Sans doute, que je le vois.

— Mais je ne l'ai donc pas tué ?

— Ah çà, mais je crois que vous devenez fou, mon brave monsieur Bertuccio, dit le comte.

— Mais il n'est donc pas mort !

— Eh ! non, il n'est pas mort, vous le voyez bien ; au lieu de le frapper entre la sixième et la septième côte gauche, comme c'est la coutume de vos compatriotes, vous aurez frappé plus haut ou plus bas ; et ces gens de justice, ça vous a l'ame chevillée dans le corps; ou bien plutôt rien de tout ce que vous m'avez raconté n'est vrai, c'est un rêve de votre imagination, une hallucination de votre esprit; vous vous serez endormi ayant mal digéré votre vengeance ; elle vous aura pesé sur l'estomac; vous aurez eu le cauchemar, voilà tout. Voyons, rappelez votre calme, et comptez : M. et madame de Villefort, deux ; M. et madame Danglars, quatre; M. de Château-Renaud, M. Debray, M. Morrel, sept ; M. le major Bartolomeo Cavalcanti, huit.

— Huit! répéta Bertuccio.

— Attendez donc ! attendez donc! vous êtes bien pressé de vous en aller ! que diable ! vous oubliez un de mes convives. Appuyez un peu à gauche... tenez... M. Andrea Cavalcanti, ce jeune homme en habit noir qui regarde la Vierge de Murillo, qui se retourne.

Cette fois Bertuccio commença un cri que le regard de Monte-Christo éteignit sur ses lèvres.

— Benedetto, murmura-t-il tout bas, fatalité !

— Voilà six heures et demie qui sonnent, M. Bertuccio, dit sévèrement le comte; c'est l'heure où j'ai donné l'ordre qu'on se mît à table; vous savez que je n'aime point à attendre.

Et Monte-Christo rentra dans le salon où l'attendaient ses convives, tandis que Bertuccio regagnait la salle à manger en s'appuyant contre les murailles.

Cinq minutes après, les deux portes du salon s'ouvrirent. Bertuccio parut, et faisant comme Vatel à Chantilly un dernier et héroïque effort :

— Monsieur le Comte est servi, dit-il.

Monte-Christo offrit le bras à madame de Villefort.

— Monsieur de Villefort, dit-il, faites-vous le cavalier de madame la baronne Danglars, je vous prie.

Villefort obéit, et l'on passa dans la salle à manger.

CHAPITRE V.

LE DINER.

Il était évident qu'en passant dans la salle à manger un même sentiment animait tous les convives. Ils se demandaient quelle bizarre influence les avait amenés tous dans cette maison, et cependant tout étonnés et même tout inquiets que quelques uns étaient de s'y trouver, ils n'eussent point voulu ne pas y être.

Et cependant des relations d'une date récente, la position excentrique et isolée, la fortune inconnue et presque fabuleuse du comte, faisaient un devoir aux hommes d'être circonspects, et aux femmes une loi de ne point entrer dans cette maison où il n'y avait point de femmes pour les recevoir; et cependant hommes et femmes avaient passé les uns sur la circonspection, les autres sur la convenance; et la curiosité, les pressant de son irrésistible aiguillon, l'avait emporté sur le tout.

Il n'y avait point jusqu'à Cavalcanti père et fils qui, l'un malgré sa raideur, l'autre malgré sa désinvolture, ne parussent préoccupés de se trouver réunis, chez cet homme dont ils ne pouvaient comprendre le but, à d'autres hommes qu'ils voyaient pour la première fois.

Madame Danglars avait fait un mouvement en voyant, sur l'invitation de Monte-Christo, M. de Villefort s'approcher d'elle pour lui offrir le bras, et M. de Villefort avait senti son regard se troubler sous ses lunettes d'or en sentant le bras de la baronne se poser sur le sien.

Aucun de ces deux mouvements n'avait échappé au comte, et déjà, dans cette simple mise en contact des individus, il y avait pour l'observateur de cette scène un fort grand intérêt.

M. de Villefort avait à sa droite madame Danglars et à sa gauche Morrel.

Le comte était assis entre madame de Villefort et Danglars.

Les autres intervalles étaient remplis par Debray, assis entre Cavalcanti père et Cavalcanti fils, et par Château-Renaud, assis entre madame de Villefort et Morrel.

Le repas fut magnifique; Monte-Christo avait pris à tâche de renverser complètement la symétrie parisienne et de donner plus encore à la curiosité qu'à l'appétit de ses convives l'aliment qu'elle désirait. Ce fut un festin oriental qui leur fut offert, mais oriental à la manière dont pouvaient l'être les festins des fées arabes.

Tous les fruits que les quatre parties du monde peuvent verser intacts et savoureux dans la corne d'abondance de l'Europe, étaient amoncelés en pyramides dans des vases de Chine et dans des coupes du Japon. Les oiseaux rares avec la partie brillante de leur plumage, les poissons monstrueux étendus sur des lames d'argent, tous les vins de l'Archipel, de l'Asie-Mineure et du Cap, enfermés dans des fioles aux formes bizarres et dont la vue semblait encore ajouter à la saveur de ces vins, défilèrent, comme une de ces revues qu'Apicius passait avec ses convives, devant ces Parisiens qui comprenaient bien que l'on pût dépenser mille louis à un dîner de dix personnes, mais à la condition que, comme Cléopâtre, on mangerait des perles, ou que, comme Laurent de Médicis, on boirait de l'or fondu.

Monte-Christo vit l'étonnement général, et se mit à rire et à se railler tout haut.

— Messieurs, dit-il, vous admettez bien ceci, n'est-ce pas, c'est qu'arrivé à un certain degré de fortune, il n'y a plus de nécessaire que le superflu, comme ces dames admettront qu'arrivé à un certain degré d'exaltation, il n'y a plus de positif que l'idéal ? Or, en poursuivant le raisonnement, qu'est-ce que le merveilleux ? Ce que nous ne comprenons pas. Qu'est-ce qu'un bien véritablement désirable ? Un bien que nous ne pouvons pas avoir. Or, voir des choses que je ne puis comprendre, me procurer des choses impossibles à avoir, telle est l'étude de toute ma vie. J'y arrive avec deux moyens : l'argent et la volonté. Je mets à poursuivre une fantaisie, par exemple, la même persévérance que vous mettez, vous, M. Danglars, à créer une ligne de chemin de fer; vous, M. de Villefort, à faire condamner un homme à mort; vous, M. Debray, à pacifier un royaume; vous, M. de Château-Renaud, à plaire à une femme; et vous, Morrel, à dompter un cheval que personne ne peut monter. Ainsi, par exemple, voyez ces deux poissons, nés, l'un à cinquante lieues de Saint-Pétersbourg, l'autre à cinq lieues de Naples. N'est-ce pas amusant de les réunir sur la même table?

— Quels sont donc ces deux poissons? demanda Danglars.

— Voici M. de Château-Renaud, qui a habité la Russie, qui vous dira le nom de l'un, répondit Monte-Christo, et voici M. le major Cavalcanti, qui est Italien, qui vous dira le nom de l'autre.

— Celui-ci, dit Château-Renaud, est, je crois, un sterlet.

— A merveille.

— Et celui-là, dit Cavalcanti, est, si je ne me trompe, une lamproie.

— C'est cela même. Maintenant, monsieur Danglars, demandez à ces deux Messieurs où se pêchent ces deux poissons.

— Mais, dit Château-Renaud, les sterlets se pêchent dans le Volga seulement.

— Mais, dit Cavalcanti, je ne connais que le lac Fusaro qui fournisse des lamproies de cette taille.

— Eh bien, justement, l'un vient du Volga et l'autre du lac Fusaro.

— Impossible, s'écrièrent ensemble tous les convives.

— Eh bien! voilà justement ce qui m'amuse, dit Monte-Christo. Je suis comme Néron ; *cupitor impossibilium;* et voilà, vous aussi, ce qui vous amuse en ce moment ; voilà enfin ce qui fait que cette chair, qui peut-être en réalité ne vaut pas celle de la perche ou du saumon, va vous sembler exquise tout-à-l'heure, c'est que dans votre esprit, il était impossible de se la procurer, et que cependant la voilà.

— Mais comment a-t-on fait pour transporter ces deux poissons à Paris?

— Oh! mon Dieu! rien de plus simple : on a apporté ces deux poissons chacun dans un grand tonneau matelassé, l'un de roseaux et d'herbes du fleuve, l'autre de joncs et de plantes du lac : ils ont été mis dans un fourgon fait exprès; ils ont vécu ainsi, le sterlet douze jours, et la lamproie huit ; et tous deux vivaient parfaitement lorsque mon cuisinier s'en est emparé pour faire mourir l'un dans du lait, et l'autre dans du vin. Vous ne le croyez pas, M. Danglars?

— Je doute au moins, répondit Danglars, en souriant de son sourire épais.

— Baptistin, dit Monte-Christo, faites

apporter l'autre sterlet et l'autre lamproie ; vous savez, ceux qui sont venus dans d'autres tonneaux et qui vivent encore.

Danglars ouvrit des yeux effarés ; l'assemblée battit des mains.

Quatre domestiques apportèrent deux tonneaux garnis de plantes marines, dans chacun desquels palpitait un poisson pareil à ceux qui étaient servis sur la table.

— Mais pourquoi deux de chaque espèce? demanda Danglars.

— Parce que l'un pouvait mourir, répondit simplement Monte-Christo.

— Vous êtes vraiment un homme prodigieux, dit Danglars, et les philosophes ont beau dire, c'est superbe d'être riche.

— Et surtout d'avoir des idées, dit madame Danglars.

— Oh! ne me faites pas honneur de celle-ci, Madame, elle était fort en honneur chez les Romains, et Pline raconte qu'on envoyait d'Ostie à Rome, avec des relais d'esclaves qui les portaient sur leur tête, des poissons de l'espèce de celui qu'il appelle le *mulus*, et qui, d'après le portrait qu'il en fait, est probablement la dorade. C'était aussi un luxe de l'avoir vivant, et un spectacle fort amusant que de le voir mourir, car en mourant il changeait trois ou quatre fois de couleur, et, comme un arc-en-ciel qui s'évapore, passait par toutes les nuances du prisme, après quoi on l'envoyait aux cuisines. Son agonie faisait partie de son mérite. Si on ne le voyait pas vivant, on le méprisait mort.

— Oui, dit Debray; mais il n'y a que sept ou huit lieues d'Ostie à Rome.

— Ah! ça c'est vrai! dit Monte-Christo; mais où serait le mérite de venir dix-huit cents ans après Lucullus, si l'on ne faisait pas mieux que lui?

Les deux Cavalcanti ouvraient des yeux énormes, mais ils avaient le bon esprit de ne pas dire un mot.

— Tout cela est fort admirable, dit Château-Renaud; cependant ce que j'admire le plus, je l'avoue, c'est l'admirable promptitude avec laquelle vous êtes servi. N'est-il pas vrai, monsieur le comte, que vous n'avez acheté cette maison qu'il y a cinq ou six jours?

— Ma foi, tout au plus, dit Monte-Christo.

— Eh bien! je suis sûr qu'en huit jours elle a subi une transformation complète; car, si je ne me trompe, elle avait une autre entrée que celle-ci, et la cour était pavée et vide, tandis qu'aujourd'hui la cour est un magnifique gazon bordé d'arbres qui paraissent avoir cent ans.

— Que voulez-vous, j'aime la verdure et l'ombre, dit Monte-Christo.

— En effet, dit madame de Villefort, autrefois on entrait par une porte donnant sur la route, et le jour de ma miraculeuse délivrance, c'est par la route, je me le rappelle, que vous m'avez fait entrer dans la maison.

— Oui, Madame, dit Monte-Christo ; mais depuis j'ai préféré une entrée qui me permettrait de voir le bois de Boulogne à travers ma grille.

— En quatre jours, dit Morrel, c'est un prodige !

— En effet, dit Château-Renaud, d'une vieille maison faire une maison neuve, c'est chose miraculeuse ; car elle était fort vieille la maison, et même fort triste. Je me rappelle avoir été chargé par ma mère de la visiter, quand M. de

Saint-Méran l'a mise en vente, il y a deux ou trois ans.

— M. de Saint-Méran, dit madame de Villefort ; mais cette maison appartenait donc à M. de Saint-Méran avant que vous ne l'achetiez, monsieur le Comte ?

— Il paraît que oui, répondit Monte-Christo.

— Comment, il paraît ! Vous ne savez pas à qui vous avez acheté cette maison ?

— Ma foi, non, c'est mon intendant qui s'occupe de tous ces détails.

— Il est vrai qu'il y a au moins dix ans qu'elle n'avait été habitée, dit Château-Renaud, et c'était une grande tristesse que de la voir avec ses persiennes fermées, ses portes closes et ses herbes dans la cour. En vérité, si elle n'eût point appartenu au beau-père d'un procureur du roi, on eût pu la prendre pour une de ces maisons maudites où quelque grand crime a été commis.

Villefort, qui jusque-là n'avait point touché aux trois ou quatre verres de vins extraordinaires placés devant lui, en prit un au hasard et le vida d'un seul trait.

Monte-Christo laissa s'écouler un instant; puis, au milieu du silence qui avait suivi les paroles de Château-Renaud :

— C'est bizarre, dit-il, monsieur le

Baron, mais même pensée m'est venue la première fois que j'y entrai; et cette maison me parut si lugubre, que jamais je ne l'eusse achetée si mon intendant n'eût fait la chose pour moi. Probablement, que le drôle avait reçu quelque pourboire du tabellion.

— C'est probable, balbutia Villefort en essayant de sourire, mais croyez que je ne suis pour rien dans cette corruption. M. de Saint-Méran a voulu que cette maison, qui fait partie de la dot de sa petite-fille, fût vendue, parce qu'en restant trois ou quatre ans inhabitée encore, elle fût tombée en ruines.

Ce fut Morrel qui pâlit à son tour.

— Il y avait surtout, continua Monte-

Christo, une chambre, ah! mon Dieu!
bien simple en apparence, une chambre
comme toutes les chambres, tendue de
damas rouge, qui m'a paru, je ne sais
pourquoi, dramatique au possible.

— Pourquoi cela? demanda Debray,
pourquoi dramatique?

— Est-ce que l'on se rend compte des
choses instinctives? dit Monte-Christo;
est-ce qu'il n'y a pas des endroits où il
semble qu'on respire naturellement la
tristesse? Pourquoi? on n'en sait rien;
par un enchaînement de souvenirs, par
un caprice de la pensée qui vous reporte
à d'autres temps, à d'autres lieux, qui
n'ont peut-être aucun rapport avec les
temps et les lieux où nous nous trouvons; tant il y a que cette chambre me

rappelait admirablement la chambre de la marquise de Gange ou celle de Desdemona. Eh! ma foi, tenez, puisque nous avons fini de dîner, il faut que je vous la montre, puis nous redescendrons prendre le café au jardin ; après le dîner, le spectacle.

Monte-Christo fit un signe pour interroger ses convives. Madame de Villefort se leva, Monte-Christo en fit autant, tout le monde imita leur exemple.

Villefort et madame Danglars demeurèrent un instant comme cloués à leur place, ils s'interrogeaient des yeux, froids, muets et glacés.

— Avez-vous entendu ? dit madame Danglars.

— Il faut y aller, répondit Villefort en se levant et en lui offrant le bras.

Tout le monde était déjà épars dans la maison, poussé par la curiosité, car on pensait bien que la visite ne se bornerait pas à cette chambre, et qu'en même temps on parcourrait le reste de cette mâsure dont Monte-Christo avait fait un palais. Chacun s'élança donc par les portes ouvertes. Monte-Christo attendit les deux retardataires; puis, quand ils furent passés à leur tour, il ferma la marche avec un sourire qui, s'ils eussent pu le comprendre, eût épouvanté les convives bien autrement que cette chambre dans laquelle on allait entrer.

On commença en effet par parcourir les appartements, les chambres meublées à l'orientale avec des divans et des coussins pour tout lit ; des pipes et des armes pour tous meubles ; les salons tapissés des plus beaux tableaux des vieux maîtres ; les boudoirs en étoffes de Chine, aux couleurs capricieuses, aux dessins fantastiques, aux tissus merveilleux ; puis enfin on arriva dans la fameuse chambre.

Elle n'avait rien de particulier, si ce n'est que, quoique le jour tombât, elle n'était point éclairée, et qu'elle était demeurée dans sa vétusté, quand toutes les autres chambres avaient revêtu une parure neuve.

Ces deux causes suffisaient en effet pour lui donner une teinte lugubre.

— Hou ! s'écria madame de Villefort, c'est effrayant, en effet.

Madame Danglars essaya de balbutier quelques mots qu'on n'entendit pas.

Plusieurs observations se croisèrent, dont le résultat fut qu'en effet la chambre de damas rouge avait un aspect sinistre.

— N'est-ce pas ? dit Monte-Christo. Voyez donc comme ce lit est bizarrement placé, quelle sombre et sanglante tenture ; et ces deux portraits au pastel que l'humidité a fait pâlir, ne semblent-ils pas dire avec leurs lèvres blêmes et leurs yeux effarés : J'ai vu ?

Villefort devint livide, madame Danglars tomba sur une chaise longue placée près de la cheminée.

— Oh! dit madame de Villefort en souriant, avez-vous bien le courage de vous asseoir sur cette chaise où peut-être le crime a été commis?

Madame Danglars se leva vivement.

— Et puis, dit Monte-Christo, ce n'est pas le tout.

— Qu'y a-t-il donc encore? demanda Debray, à qui l'émotion de madame Danglars n'échappait point.

— Ah! oui, qu'y a-t-il encore? demanda Danglars, car jusqu'à présent j'avoue que je n'y vois pas grand'chose, et vous, monsieur Cavalcanti?

— Ah ! dit celui-ci, nous avons à Pise la tour d'Ugolin, à Ferrare la prison du Tasse, et à Rimini la chambre de Francesca et de Paolo.

— Oui, mais vous n'avez pas ce petit escalier, dit Monte-Christo en ouvrant une porte perdue dans la tenture ; regardez-le-moi, et dites ce que vous en pensez.

— Quelle sinistre cambrure d'escalier ! dit Château-Renaud en riant.

— Le fait est, dit Debray, que je ne sais si c'est le vin de Chio qui porte à la mélancolie, mais certainement je vois cette maison tout en noir.

Quant à Morrel, depuis qu'il avait été

question de la dot de Valentine, il était demeuré triste et n'avait pas prononcé un mot.

— Vous figurez-vous, dit Monte-Christo, un Othello ou un abbé de Ganges quelconque, descendant pas à pas, par une nuit sombre et orageuse, cet escalier avec quelque lugubre fardeau qu'il a hâte de dérober à la vue des hommes, sinon au regard de Dieu?

Madame Danglars s'évanouit à moitié au bras de Villefort, qui fut lui-même obligé de s'adosser à la muraille.

— Ah! mon Dieu, Madame, s'écria Debray, qu'avez-vous donc? comme vous pâlissez!

— Ce qu'elle a, dit madame de Villefort, c'est bien simple ; elle a que M. de Monte-Christo nous raconte des histoires épouvantables, dans l'intention sans doute de nous faire mourir de peur.

— Mais oui, dit Villefort. En effet, Comte, vous épouvantez ces dames.

— Qu'avez-vous donc? répéta tout bas Debray à madame Danglars.

— Rien, rien, dit celle-ci en faisant un effort; j'ai besoin d'air, voilà tout.

— Voulez-vous descendre au jardin? demanda Debray, en offrant son bras à madame Danglars et en s'avançant vers l'escalier dérobé.

— Non, dit-elle, non; j'aime encore mieux rester ici.

— En vérité, Madame, dit Monte-Christo, est-ce que cette terreur est sérieuse ?

— Non, Monsieur, dit madame Danglars ; mais vous avez une façon de supposer les choses qui donne à l'illusion l'aspect de la réalité.

— Oh ! mon Dieu, oui, dit Monte-Christo en souriant, et tout cela est une affaire d'imagination ; car aussi bien pourquoi ne pas plutôt se représenter cette chambre comme une bonne et honnête chambre de mère de famille ? ce lit avec ses tentures couleur de pourpre, comme un lit visité par la déesse Lucine, et cet escalier mystérieux, comme le passage par où, doucement, et pour ne pas troubler le sommeil réparateur de l'accouchée, passe le médecin, ou la nourrice, ou le père lui-même, emportant l'enfant qui dort...

Cette fois madame Danglars, au lieu de se rassurer à cette douce peinture, poussa un gémissement et s'évanouit tout-à-fait.

— Madame Danglars se trouve mal, balbutia Villefort; peut-être faudrait-il la transporter à sa voiture.

— Oh! mon Dieu! dit Monte-Christo, et moi qui ai oublié mon flacon!

— J'ai le mien, dit madame de Villefort.

Et elle passa à Monte-Christo un flacon plein d'une liqueur rouge pareille à celle dont le comte avait essayé sur Edouard la bienfaisante influence.

— Ah! dit Monte-Christo en le prenant des mains de madame de Villefort.

— Oui, murmura celle-ci, sur vos indications j'ai essayé.

— Et vous avez réussi?

— Je le crois.

On avait transporté madame Danglars dans la chambre à côté. Monte-Christo laissa tomber sur ses lèvres une goutte de la liqueur rouge, elle revint à elle.

— Oh! dit-elle, quel rêve affreux!

Villefort lui serra fortement le poignet, pour lui faire comprendre qu'elle n'avait pas rêvé.

On chercha M. Danglars ; mais, peu disposé aux impressions poétiques, il était descendu au jardin, et causait avec M. Cavalcanti père d'un projet de chemin de fer de Livourne à Florence.

Monte-Christo semblait désespéré : il prit le bras de madame Danglars et la conduisit au jardin, où l'on retrouva M. Danglars, prenant le café entre MM. Cavalcanti père et fils.

— En vérité, Madame, lui dit-il, est-ce que je vous ai fort effrayée ?

— Non, Monsieur, mais vous savez, les choses nous impressionnent selon la disposition d'esprit où nous nous trouvons.

Villefort s'efforça de rire.

— Et alors vous comprenez, dit-il, il suffit d'une supposition, d'une chimère...

— Eh! bien, dit Monte-Christo, vous m'en croirez si vous voulez, j'ai la conviction qu'un crime a été commis dans cette maison.

— Prenez garde, dit madame de Villefort, nous avons ici le procureur du roi.

— Ma foi, répondit Monte-Christo, puisque cela se rencontre ainsi, j'en profiterai pour faire ma déclaration.

— Votre déclaration? dit Villefort.

— Oui, et en face de témoins.

— Tout cela est fort intéressant, dit Debray, et s'il y a réellement crime, nous allons faire admirablement la digestion.

— Il y a crime, dit Monte-Christo. Venez par ici, Messieurs; venez, monsieur de Villefort; pour que la déclaration soit valable, elle doit être faite aux autorités compétentes.

Monte-Christo prit le bras de Villefort, et en même temps qu'il serrait sous le sien celui de madame Danglars, il traîna le procureur du roi jusque sous la platane, où l'ombre était la plus épaisse.

Tous les autres convives suivaient.

— Tenez, dit Monte-Christo, ici, à cette place même (et il frappait la terre du pied), ici, pour rajeunir ces arbres déjà vieux, j'ai fait creuser et mettre du terreau ; eh bien ! mes travailleurs, en creusant, ont déterré un coffre, ou plutôt des ferrures de coffre, au milieu desquelles était le squelette d'un enfant nouveau-né. Ce n'est pas de la fantasmagorie, cela, j'espère.

Monte-Christo sentit se roidir le bras de madame Danglars et frissonner le poignet de Villefort.

— Un enfant nouveau-né, répéta Debray ; diable ! ceci devient sérieux, ce me semble.

— Eh bien, dit Château-Renaud, je ne me trompais donc pas quand je prétendais tout-à-l'heure que les maisons avaient une ame et un visage comme les hommes, et qu'elles portaient sur leur physionomie un reflet de leurs entrailles. La maison était triste parce qu'elle avait des remords, elle avait des remords parce qu'elle cachait un crime.

— Oh! qui dit que c'est un crime? reprit Villefort, tentant un dernier effort.

— Comment! un enfant enterré vivant dans un jardin, ce n'est pas un crime? s'écria Monte-Christo. Comment appelez-vous donc cette action-là, monsieur le procureur du roi?

— Mais qui dit qu'il a été enterré vivant ?

— Pourquoi l'enterrer là, s'il était mort ? ce jardin n'a jamais été un cimetière.

— Que fait-on aux infanticides dans ce pays-ci ? demanda naïvement le major Cavalcanti.

— Oh ! mon Dieu ! on leur coupe tout bonnement le cou, répondit Danglars.

— Ah ! on leur coupe le cou, fit Cavalcanti.

— Je le crois... N'est-ce pas, monsieur de Villefort ? demanda Monte-Christo.

— Oui, monsieur le Comte, répondit celui-ci avec un accent qui n'avait plus rien d'humain.

Monte-Christo vit que c'était tout ce que pouvaient supporter les deux personnes pour lesquelles il avait préparé cette scène, et ne voulant pas la pousser trop loin.

— Mais le café, Messieurs, dit-il ; il me semble que nous l'oublions.

Et il ramena ses convives vers la table placée au milieu de la pelouse.

— En vérité, monsieur le Comte, dit madame Danglars, j'ai honte d'avouer ma faiblesse, mais toutes ces affreuses histoires m'ont bouleversée ; laissez-moi m'asseoir, je vous prie.

Et elle tomba sur une chaise.

Monte-Christo la salua et s'approcha de madame de Villefort.

— Je crois que madame Danglars a encore besoin de votre flacon, dit-il.

Mais avant que madame de Villefort se fût approchée de son amie, le procureur du roi avait déjà dit à l'oreille de madame Danglars :

— Il faut que je vous parle.

— Quand cela ?

— Demain.

— Où ?

— A mon bureau, — au parquet si vous voulez, c'est encore là l'endroit le plus sûr.

— J'irai.

En ce moment madame de Villefort s'approcha.

— Merci, chère amie, dit madame Danglars en essayant de sourire, ce n'est plus rien, et je me sens tout-à-fait mieux.

CHAPITRE VI.

LE MENDIANT.

La soirée s'avançait; madame de Villefort avait manifesté le désir de regagner Paris, ce que n'avait point osé faire madame Danglars, malgré le malaise évident qu'elle éprouvait.

Sur la demande de sa femme, M. de Villefort donna donc le premier le signal du départ. Il offrit une place dans son landau à madame Danglars, afin qu'elle eût les soins de sa femme. Quant à M. Danglars, absorbé dans une conversation industrielle des plus intéressantes avec M. Cavalcanti, il ne faisait aucune attention à tout ce qui se passait.

Monte-Christo, tout en demandant son flacon à madame de Villefort, avait remarqué que M. de Villefort s'était approché de madame Danglars; et, guidé par la situation, il avait deviné ce qu'il lui avait dit, quoiqu'il eût parlé si bas qu'à peine si madame Danglars elle-même l'avait entendu.

Il laissa, sans s'opposer à aucun arrangement, partir Morrel, Debray et Château-Renaud à cheval, et monter les deux dames dans le landau de M. de Villefort ; de son côté, Danglars, de plus en plus enchanté de Cavalcanti père, l'invita à monter avec lui dans son coupé.

Quant à Andrea Cavalcanti, il gagna son tilbury, qui l'attendait devant la porte, et dont un groom, qui exagérait les agréments de la fashion anglaise, lui tenait en se hissant sur la pointe de ses bottes l'énorme cheval gris de fer.

Andrea n'avait pas beaucoup parlé durant le dîner, par cela même que c'était un garçon fort intelligent, et qu'il avait tout naturellement éprouvé la crainte de dire quelque sottise au milieu de ces convives riches et puissants, parmi lesquels son œil dilaté n'apercevait peut-être pas sans crainte un procureur du roi.

Ensuite, il avait été accaparé par M. Danglars, qui, après un rapide coup-d'œil sur le vieux major au col raide et sur son fils encore un peu timide, et en rapprochant tous ces symptômes de l'hospitalité de Monte-Christo, avait pensé qu'il avait affaire à quelque nabab venu à Paris pour perfectionner son fils unique dans la vie mondaine.

Il avait donc contemplé avec une complaisance indicible l'énorme diamant qui brillait au petit doigt du major, car le major, en homme prudent et expérimenté, de peur qu'il n'arrivât quelque accident à ses billets de banque, les avait convertis à l'instant même en un objet de valeur. Puis, après le dîner, toujours sous prétexte d'industrie et de voyage, il avait questionné le père et le fils sur leur manière de vivre, et le père et le fils, prévenus que c'était chez Danglars que devait leur être ouvert, à l'un, son crédit de quarante-huit mille francs une fois donnés; à l'autre, son crédit annuel de cinquante mille livres, avaient été charmants et pleins d'affabilité pour le banquier, aux domestiques duquel, s'ils ne se fussent retenus, ils eussent serré la main, tant leur reconnaissance éprouvait le besoin de l'expansion.

Une chose surtout augmenta la considération, nous dirons presque la vénération de Danglars pour Cavalcanti. Celui-ci, fidèle au principe d'Horace, *nil admirari*, s'était contenté, comme on l'a vu, de faire preuve de science en disant de quel lac on tirait les meilleures lamproies. Puis il avait mangé sa part de celle-là sans dire un seul mot. Danglars en avait conclu que ces sortes de somptuosités étaient familières à l'illustre descendant des Cavalcanti, lequel se nourrissait probablement à Lucques de truites, qu'il faisait venir de Suisse, et de langoustes qu'on lui envoyait de Bretagne par des procédés pareils à ceux dont le comte s'était servi pour faire venir des lamproies du lac Fusaro, et des sterlets du fleuve Volga.

Aussi, avait-il accueilli avec une bienveillance très-prononcée ces paroles de Cavalcanti :

— Demain, Monsieur, j'aurai l'honneur de vous rendre visite pour affaires.

— Et moi, Monsieur, avait répondu Danglars, je serai heureux de vous recevoir.

Sur quoi il avait proposé à Cavalcanti, si cependant cela ne le privait pas trop de se séparer de son fils, de le reconduire à l'hôtel des Princes.

Cavalcanti avait répondu que depuis longtemps son fils avait l'habitude de mener la vie de jeune homme; qu'en conséquence il avait ses chevaux et ses équipages à lui, et que, n'étant pas venus ensemble, il ne voyait pas de difficulté à ce qu'ils s'en allassent séparément.

Le major était donc monté dans la voiture de Danglars, et le banquier s'était assis à ses côtés, de plus en plus charmé des idées d'ordre et d'économie de cet homme, qui cependant donnait à son fils cinquante mille francs par an, ce qui supposait une fortune de cinq ou six cent mille livres de rente.

Quand à Andrea, il commença, pour se donner bon air, à gronder son groom de ce qu'au lieu de le venir prendre au perron, il l'attendait à la porte de sortie, ce qui lui avait donné la peine de faire trente pas pour aller chercher son tilbury.

Le groom reçut la semonce avec humilité, prit, pour retenir le cheval impatient et qui frappait du pied, le mors de la main gauche, tendit de la droite les rênes à Andrea, qui les prit et posa légèrement sa botte vernie sur le marchepied.

En ce moment une main s'appuya sur son épaule. Le jeune homme se retourna pensant que Danglars ou Monte-Christo avait oublié quelque chose à lui dire et revenait à la charge au moment du départ.

Mais au lieu de l'un ou de l'autre, il n'aperçut qu'une figure étrange, hâlée par le soleil, encadrée dans une barbe de modèle, des yeux brillants comme des escarboucles, et un sourire railleur épanouissant une bouche où brillaient, rangées à leur place et sans qu'il en manquât une seule, trente-deux dents blanches, aiguës et affamées comme celles d'un loup ou d'un chacal.

Un mouchoir à carreaux rouges coiffait cette tête aux cheveux grisâtres et terreux, un bourgeron des plus crasseux et des plus déchirés couvrait ce grand corps maigre et osseux, dont il semblait que les os, comme ceux d'un squelette, dussent cliqueter en marchant; enfin, la main qui s'appuya sur l'épaule d'Andrea, et qui fut la première chose que vit le jeune homme, lui parut d'une dimension gigantesque.

Le jeune homme reconnut-il cette figure à la lueur de la lanterne de son tilbury, ou fut-il seulement frappé de l'horrible aspect de cet interlocuteur? nous ne saurions le dire; mais le fait est qu'il tressaillit et se recula vivement.

— Que me voulez-vous? dit-il.

— Pardon! notre bourgeois, répondit l'homme, en portant la main à son mouchoir rouge, je vous dérange peut-être, mais c'est que j'ai à vous parler.

— On ne mendie pas le soir, dit le groom en faisant un mouvement pour débarrasser son maître de cet importun.

— Je ne mendie pas, mon joli garçon, dit l'homme inconnu au domestique, avec un regard si ironique et un sourire si effrayant que celui-ci s'écarta : je désire seulement dire deux mots à votre bourgeois qui m'a chargé d'une commission, il y a quinze jours à peu près.

— Voyons, dit à son tour Andrea avec assez de force pour que le domestique ne s'aperçût point de son trouble, que voulez-vous ? dites vite, mon ami.

— Je voudrais... je voudrais... dit tout bas l'homme au mouchoir rouge, que vous voulussiez bien m'épargner la peine de retourner à Paris à pied. Je suis très-fatigué, et comme je n'ai pas si bien dîné que toi, à peine si je puis me tenir.

Le jeune homme tressaillit à cette étrange familiarité.

— Mais enfin, lui dit-il, voyons, que voulez-vous ?

— Eh bien ! je veux que tu me laisses monter dans ta belle voiture et que tu me reconduises

Andrea pâlit, mais ne répondit point.

— Oh ! mon Dieu oui, dit l'homme au mouchoir rouge en enfonçant ses mains dans ses poches et en regardant le jeune homme avec des yeux provocateurs, c'est une idée que j'ai comme cela, entends-tu, mon petit Benedetto.

A ce nom, le jeune homme réfléchit sans doute, car il s'approcha de son groom et lui dit :

— Cet homme a effectivement été chargé par moi d'une commission dont il a à me rendre compte. Allez à pied jusqu'à la barrière ; là, vous prendrez un cabriolet, afin de n'être point trop en retard.

Le valet surpris s'éloigna.

— Laissez-moi au moins gagner l'ombre, dit Andrea.

— Oh ! quant à cela, je vais moi-même te conduire en belle place, attends, dit l'homme au mouchoir rouge.

Et il prit le cheval par le mors, et conduisit le tilbury dans un endroit où il était effectivement impossible à qui que ce fût au monde de voir l'honneur que lui accordait Andrea.

— Oh ! moi, lui dit-il, ce n'est pas pour la gloire de monter dans une belle voiture ; non, c'est seulement parce que je suis fatigué, et puis un petit peu parce que j'ai à causer d'affaires avec toi.

— Voyons, montez, dit le jeune homme.

Il était fâcheux qu'il ne fît pas jour, car c'eût été un spectacle curieux que celui de ce gueux, assis carrément sur les coussins brochés, près du jeune et élégant conducteur du tilbury.

Andrea poussa son cheval jusqu'à la dernière maison du village sans dire un seul mot à son compagnon, qui, de son côté, souriait et gardait le silence, comme s'il eût été ravi de se promener dans une si bonne locomotive.

Une fois hors d'Auteuil, Andrea regarda autour de lui pour s'assurer sans doute que nul ne pouvait ni les voir ni les entendre, et alors, arrêtant son cheval et se croisant les bras devant l'homme au mouchoir rouge :

— Ah çà, lui dit-il, pourquoi venez-vous me troubler dans ma tranquillité?

— Mais toi-même, mon garçon, pourquoi te défies-tu de moi?

— Et en quoi me suis-je défié de vous?

— En quoi? tu le demandes; nous nous quittons au pont du Var, tu me dis que tu vas voyager en Piémont et en Toscane, et pas du tout, tu viens à Paris.

— En quoi cela vous gêne-t-il?

— En rien; au contraire, j'espère même que cela va m'aider.

— Ah! ah! dit Andrea, c'est-à-dire que vous spéculez sur moi.

— Allons, voilà les gros mots qui arrivent!

— C'est que vous auriez tort, maître Caderousse, je vous en préviens.

— Eh! mon Dieu, ne te fâche pas, le petit; tu dois pourtant savoir ce que c'est que le malheur; eh bien! le malheur, ça rend jaloux. Je te crois courant le Piémont et la Toscane, obligé de te faire *facchino* ou *cicerone;* je te plains du fond de mon cœur, comme je plaindrais mon enfant. Tu sais que je t'ai toujours appelé mon enfant.

— Après? après?

— Patience donc, salpêtre!

— J'en ai de la patience; voyons, achevez.

— Et je te vois tout d'un coup passer à la barrière des Bons-Hommes avec un groom, avec un tilbury, avec des habits tout flambants neufs. Ah çà, mais tu as donc découvert une mine ou acheté une charge d'agent de change?

— De sorte que, comme vous l'avouez, vous êtes jaloux?

— Non, je suis content, si content que j'ai voulu te faire mes compliments, le petit; mais comme je n'étais pas vêtu régulièrement, j'ai pris mes précautions pour ne pas te compromettre.

— Belles précautions! dit Andrea, vous m'abordez devant mon domestique.

— Eh que veux-tu, mon enfant? je t'aborde quand je puis te saisir. Tu as un cheval très-vif, un tilbury très-léger ; tu es naturellement glissant comme une anguille ; si je t'avais manqué ce soir, je courais risque de ne pas te rejoindre.

— Vous voyez bien que je ne me cache pas.

— Tu es bien heureux, et j'en voudrais bien dire autant ; moi, je me cache; sans compter que j'avais peur que tu ne me reconnusses pas ; mais tu m'as reconnu, ajouta Caderousse avec son mauvais sourire; allons, tu es bien gentil.

— Voyons, dit Andrea, que vous faut-il ?

— Tu ne me tutoies plus, c'est mal, Benedetto, un ancien camarade; prends garde, tu vas me rendre exigeant.

Cette menace fit tomber la colère du jeune homme : le vent de la contrainte venait de souffler dessus.

Il remit son cheval au trot.

— C'est mal à toi-même, Caderousse, dit-il, de t'y prendre ainsi envers un ancien camarade, comme tu disais tout-à-l'heure ; tu es Marseillais, je suis...

— Tu le sais donc, ce que tu es maintenant ?

— Non, mais j'ai été élevé en Corse; tu es vieux et entêté, je suis jeune et têtu. Entre gens comme nous, la menace est mauvaise, et tout doit se faire à l'amiable. Est-ce ma faute, si la chance, qui continue d'être mauvaise pour toi, est bonne pour moi au contraire?

— Elle est donc bonne, la chance? ce n'est donc pas un groom d'emprunt, ce n'est donc pas un tilbury d'emprunt, ce ne sont donc pas des habits d'emprunt que nous avons là? Bon, tant mieux! dit Caderousse avec des yeux brillants de convoitise.

— Oh! tu le vois bien et tu le sais bien, puisque tu m'abordes, dit Andrea s'animant de plus en plus. Si j'avais eu un mouchoir comme le tien sur ma tête, un bourgeron crasseux sur les épaules et des souliers percés aux pieds, tu ne me reconnaîtrais pas.

— Tu vois bien que tu me méprises, le petit, et tu as tort ; maintenant que je t'ai retrouvé, rien ne m'empêche d'être vêtu d'elbeuf comme un autre, attendu que je te connais bon cœur : si tu as deux habits, tu m'en donneras bien un ; je te donnais bien ma portion de soupe et de haricots, moi, quand tu avais trop faim.

— C'est vrai, dit Andrea.

— Quel appétit tu avais ! est-ce que tu as toujours bon appétit ?

— Mais oui, dit Andrea en riant.

— Comme tu as dû dîner chez ce prince d'où tu sors !

— Ce n'est pas un prince, mais tout bonnement un comte.

— Un comte, et un riche, hein ?

— Oui, mais ne t'y fies pas; c'est un monsieur qui n'a pas l'air commode.

— Oh! mon Dieu! sois donc tranquille! On n'a pas de projets sur ton compte, et on te le laissera pour toi tout seul. Mais, ajouta Caderousse en reprenant ce mauvais sourire qui avait déjà effleuré ses lèvres, il faut donner quelque chose pour cela, tu comprends.

— Voyons, que te faut-il?

— Je crois qu'avec cent francs par mois...

— Eh bien !

— Je vivrais...

— Avec cent francs ?

— Mais mal, tu comprends bien ; mais avec...

— Avec ?...

— Cent cinquante francs, je serais fort heureux.

— En voilà deux cents, dit Andrea.

Et il mit dans la main de Caderousse dix louis d'or.

— Bon, fit Caderousse.

— Présente-toi chez le concierge tous les premiers du mois et tu en trouveras autant.

— Allons! voilà encore que tu m'humilies!

— Comment cela?

— Tu me mets en rapport avec de la valetaille; non, vois-tu, je ne veux avoir affaire qu'à toi.

— Eh bien! soit, demande-moi, et tous les premiers du mois, du moins tant que je toucherai ma rente, toi, tu toucheras la tienne.

— Allons, allons! je vois que je ne

m'étais pas trompé, tu es un brave garçon, et c'est une bénédiction quand le bonheur arrive à des gens comme toi. Voyons, conte-moi ta bonne chance.

— Qu'as-tu besoin de savoir cela ? demanda Cavalcanti.

— Bon ! encore de la défiance !

— Non. Eh bien ! j'ai retrouvé mon père.

— Un vrai père ?

— Dame ! tant qu'il paiera...

— Tu croiras et tu honoreras ; c'est juste. Comment l'appelles-tu ton père ?

— Le major Cavalcanti.

— Et il se contente de toi ?

— Jusqu'à présent il paraît que je lui suffis.

— Et qui t'a fait retrouver ce père-là ?

— Le comte de Monte-Christo.

— Celui de chez qui tu sors ?

— Oui.

— Dis donc, tâche donc de me placer chez lui comme grand parent, puisqu'il tient bureau.

— Soit, je lui parlerai de toi ; mais en attendant, que vas-tu faire ?

— Moi !

— Oui, toi.

— Tu es bien bon de t'occuper de cela, dit Caderousse.

— Il me semble, puisque tu prends intérêt à moi, reprit Andrea, que je puis bien à mon tour prendre quelques informations.

— C'est juste..... je vais louer une chambre dans une maison honnête, me couvrir d'un habit décent, me faire raser tous les jours, et aller lire les journaux au café. Le soir, j'entrerai dans quelque spectacle avec un chef de claque, j'aurai l'air d'un boulanger retiré, c'est mon rêve.

— Allons, c'est bon! Si tu veux mettre ce projet à exécution et être sage, tout ira à merveille.

— Voyez-vous M. Bossuet!... et toi, que vas-tu devenir?... pair de France?

— Eh! eh! dit Andrea, qui sait?

— M. le major Cavalcanti l'est peut-être... mais malheureusement l'hérédité est abolie.

— Pas de politique, Caderousse!... Et maintenant que tu as ce que tu veux et que nous sommes arrivés, saute en bas de ma voiture et disparais.

— Non pas, cher ami!

— Comment, non pas?

— Mais songes-y donc, le petit, un mouchoir rouge sur la tête, presque pas de souliers, pas de papiers du tout et dix napoléons en or dans ma poche, sans compter ce qu'il y avait déjà, ce qui fait juste deux cents francs ; mais on m'arrêterait immanquablement à la barrière ! Alors je serais forcé, pour me justifier, de dire que c'est toi qui m'as donné ces dix napoléons : de là, information, enquête ; on apprend que j'ai quitté Toulon sans donner congé, et l'on me reconduit de brigade en brigade jusqu'au bord de la Méditerranée. Je redeviens purement et simplement le n° 106, et adieu mon rêve de ressembler à un boulanger retiré ! Non pas, mon fils ; je préfère rester honorablement dans la capitale.

Andrea fronça le sourcil; c'était,

comme il s'en était vanté lui-même, une assez mauvaise tête que le fils putatif de M. le major Cavalcanti. Il s'arrêta un instant, jeta un coup-d'œil rapide autour de lui, et comme son regard achevait de décrire le cercle investigateur, sa main descendit innocemment dans son gousset, où elle commença de caresser la sous-garde d'un pistolet de poche.

Mais pendant ce temps, Caderousse, qui ne perdait pas de vue son compagnon, passait ses mains derrière son dos, et ouvrait tout doucement un long couteau espagnol qu'il portait sur lui à tout évènement.

Les deux amis, comme on le voit, étaient dignes de se comprendre, et se comprirent; la main d'Andrea sortit inoffensive de sa poche, et remonta jusqu'à sa moustache rousse qu'elle caressa quelque temps.

— Bon Caderousse, dit-il, tu vas donc être heureux !

— Je ferai tout mon possible, répondit l'aubergiste du pont du Gard, en renfonçant son couteau dans sa manche.

— Allons, voyons, rentrons donc dans Paris. Mais comment vas-tu faire pour passer la barrière sans éveiller les soupçons ? Il me semble qu'avec ton costume tu risques encore plus en voiture qu'à pied.

— Attends, dit Caderousse, tu vas voir.

Il prit la houppelande à grand collet

que le groom exilé du tilbury avait laissée à sa place, et la mit sur son dos, puis le chapeau de Cavalcanti, et le mit sur sa tête; après quoi, il prit la pose renfrognée d'un domestique de bonne maison dont le maître conduit lui-même.

— Et moi, dit Andrea, je vais donc rester nu-tête?

— Peuh! dit Caderousse, il fait tant de vent que la bise peut bien t'avoir enlevé ton chapeau.

— Allons donc, dit Andrea, et finissons-en.

— Qui est-ce qui t'arrête, dit Caderousse, ce n'est pas moi, je l'espère?

— Chut! fit Cavalcanti.

On traversa la barrière sans accident.

A la première rue transversale, Andrea arrêta son cheval, et Caderousse sauta à terre.

— Eh bien! dit Andrea, et le manteau de mon domestique, et mon chapeau?

— Ah! répondit Caderousse, tu ne voudrais pas que je risquasse de m'enrhumer.

— Mais moi?

— Toi, tu es jeune, tandis que moi je commence à me faire vieux; au revoir, Benedetto.

Et il s'enfonça dans la ruelle où il disparut.

— Hélas! dit Andrea en poussant un soupir, on ne peut donc pas être complètement heureux dans ce monde!

CHAPITRE VII.

SCÈNE CONJUGALE.

A la place Louis XV, les trois jeunes gens s'étaient séparés, c'est-à-dire que Morrel avait pris les boulevarts, que Château-Renaud avait pris le pont de la Révolution, et que Debray avait suivi le quai.

Morrel et Château-Renaud, selon toute probabilité, gagnèrent leurs foyers domestiques, comme on dit encore à la tribune de la Chambre dans les discours bien faits, et au théâtre de la rue Richelieu dans les pièces bien écrites; mais il n'en fut pas de même de Debray. Arrivé au guichet du Louvre, il fit un à gauche, traversa le Carrousel au grand trot, enfila la rue Saint-Roch, déboucha par la rue de la Michodière, et arriva à la porte de M. Danglars au moment où le landau de M. de Villefort, après l'avoir déposé, lui et sa femme, au faubourg Saint-Honoré, s'arrêtait pour mettre la baronne chez elle.

Debray, en homme familier dans la maison, entra le premier dans la cour, jeta la bride aux mains d'un valet de pied, puis revint à la portière recevoir madame Danglars, à laquelle il offrit le bras pour regagner ses appartements.

Une fois la porte fermée et la baronne et Debray dans la cour :

— Qu'avez-vous donc, Hermine, dit Debray, et pourquoi donc vous êtes-vous trouvée mal à cette histoire, ou plutôt à cette fable qu'a racontée le comte ?

— Parce que j'étais horriblement disposée ce soir, mon ami, répondit la baronne.

— Mais non, Hermine, reprit Debray, vous ne me ferez pas croire cela. Vous étiez au contraire dans d'excellentes dispositions quand vous êtes arrivée chez le comte. M. Danglars était bien quelque peu maussade, c'est vrai; mais je sais le cas que vous faites de sa mauvaise humeur. Quelqu'un vous a fait quelque chose. Racontez-moi cela; vous savez bien que je ne souffrirai jamais qu'une impertinence vous soit faite.

— Vous vous trompez, Lucien, je vous assure, reprit madame Danglars, et les choses sont comme je vous les ai dites, plus la mauvaise humeur dont vous vous êtes aperçu, et dont je ne jugeais pas qu'il valût la peine de vous parler.

Il était évident que madame Danglars était sous l'influence d'une de ces irritations nerveuses dont les femmes souvent ne peuvent se rendre compte à elles-mêmes, ou que, comme l'avait deviné Debray, elle avait éprouvé quelque commotion cachée qu'elle ne voulait avouer à personne. En homme habitué à reconnaître les vapeurs comme un des éléments de la vie féminine, il n'insista donc point davantage, attendant le moment opportun, soit d'une interrogation nouvelle, soit d'un aveu *proprio motu*.

A la porte de sa chambre, la baronne rencontra mademoiselle Cornélie.

Mademoiselle Cornélie était la camériste de confiance de la baronne.

— Que fait ma fille? demanda madame Danglars.

— Elle a étudié toute la soirée, répondit mademoiselle Cornélie, et ensuite elle s'est couchée.

— Il me semble cependant que j'entends son piano ?

— C'est mademoiselle Louise d'Armilly qui fait de la musique pendant que mademoiselle est au lit.

— Bien, dit madame Danglars ; venez me déshabiller.

On entra dans la chambre à coucher. Debray s'étendit sur un grand canapé, et madame Danglars passa dans son cabinet de toilette avec mademoiselle Cornélie.

— Mon cher monsieur Lucien, dit madame Danglars à travers la portière du cabinet, vous vous plaignez toujours qu'Eugénie ne vous fait pas l'honneur de vous adresser la parole ?

— Madame, dit Lucien jouant avec le petit chien de la baronne, qui, reconnaissant sa qualité d'ami de la maison, avait l'habitude de lui faire mille caresses, je ne suis pas le seul à vous faire de pareilles récriminations, et je crois avoir entendu Morcerf se plaindre l'autre jour à vous-même de ne pouvoir tirer une seule parole de sa fiancée.

— C'est vrai, dit madame Danglars, mais je crois qu'un de ces matins tout cela changera, et que vous verrez entrer Eugénie dans votre cabinet.

— Dans mon cabinet, à moi?

— C'est-à-dire dans celui du ministre.

— Et pourquoi cela?

— Pour vous demander un engagement à l'Opéra ! En vérité, je n'ai jamais vu tel engouement pour la musique : c'est ridicule pour une personne du monde !

Debray sourit.

— Eh bien ! dit-il, qu'elle vienne avec le consentement du baron et le vôtre, nous lui ferons cet engagement, et nous tâcherons qu'il soit selon son mérite, quoique nous soyons bien pauvres pour payer un aussi beau talent que le sien.

— Allez, Cornélie, dit madame Danglars, je n'ai plus besoin de vous.

Cornélie disparut, et un instant après, madame Danglars sortit de son cabinet dans un charmant négligé, et vint s'asseoir près de Lucien.

Puis rêveuse, elle se mit à caresser le petit épagneul.

Lucien la regarda un instant en silence.

— Voyons, Hermine, dit-il au bout d'un instant, répondez franchement : quelque chose vous blesse, n'est-ce pas ?

— Rien, reprit la baronne.

Et cependant, comme elle étouffait, elle se leva, essaya de respirer et alla se regarder dans une glace.

— Je suis à faire peur ce soir, dit-elle.

Debray se levait en souriant pour aller rassurer la baronne sur ce dernier point, quand tout-à-coup la porte s'ouvrit.

M. Danglars parut; Debray se rassit.

Au bruit de la porte, madame Danglars se retourna, et regarda son mari avec un étonnement qu'elle ne se donna même pas la peine de dissimuler.

— Bonsoir, Madame, dit le banquier; bonsoir, monsieur Debray.

La baronne crut sans doute que cette visite imprévue signifiait quelque chose, comme un désir de réparer les mots amers qui étaient échappés au baron dans la journée.

Elle s'arma d'un air digne, et se retournant vers Lucien sans répondre à son mari :

— Lisez-moi donc quelque chose, monsieur Debray, lui dit-elle.

Debray, que cette visite avait légèrement inquiété d'abord, se remit au calme de la baronne, et allongea la main vers un livre marqué au milieu par un couteau à lame de nacre incrustée d'or.

— Pardon, dit le banquier, mais vous allez bien vous fatiguer, baronne, en veillant si tard ; il est onze heures, et M. Debray demeure bien loin.

Debray demeura saisi de stupeur, non point que le ton de Danglars ne fût parfaitement calme et poli; mais enfin, au travers de ce calme et de cette politesse, il perçait une certaine velléité inaccoutumée de faire autre chose ce soir-là que la volonté de sa femme.

La baronne aussi fut surprise et témoigna son étonnement par un regard qui sans doute eût donné à réfléchir à son mari, si son mari n'avait pas eu les yeux fixés sur un journal, où il cherchait la fermeture de la rente.

Il en résulta que ce regard si fier fut lancé en pure perte, et manqua complètement son effet.

— Monsieur Lucien, dit la baronne, je vous déclare que je n'ai pas la moindre envie de dormir, que j'ai mille choses à vous conter ce soir, et que vous allez passer la nuit à m'écouter, dussiez-vous dormir debout.

— A vos ordres, Madame, répondit flegmatiquement Lucien.

— Mon cher monsieur Debray, dit à son tour le banquier, ne vous tuez pas, je vous prie, à écouter cette nuit les folies de madame Danglars, car vous les écouterez aussi bien demain; mais ce soir est à moi, je me le réserve, et je le consacrerai, si vous voulez bien le permettre, à causer de graves intérêts avec ma femme.

Cette fois, le coup était tellement direct et tombait si d'aplomb, qu'il étourdit Lucien et la baronne; tous deux s'interrogèrent des yeux comme pour puiser l'un dans l'autre un secours contre cette agression; mais l'irrésistible pouvoir du maître de la maison triompha, et force resta au mari.

— N'allez pas croire au moins que je

vous chasse, mon cher Debray, continua Danglars; non, pas le moins du monde : une circonstance imprévue me force à désirer d'avoir ce soir même une conversation avec la baronne; cela m'arrive assez rarement pour qu'on ne me garde pas rancune.

Debray balbutia quelques mots, salua et sortit en se heurtant aux angles, comme Nathan dans *Athalie*.

— C'est incroyable, dit-il, quand la porte fut refermée derrière lui, combien ces maris, que nous trouvons cependant si ridicules, prennent facilement l'avantage sur nous!

Lucien parti, Danglars s'installa à sa place sur le canapé, ferma le livre resté ouvert, et, prenant une pose horriblement prétentieuse, continua de jouer avec le chien. Mais, comme le chien, qui n'avait pas pour lui la même sympathie que pour Debray, le voulait mordre, il le prit par la peau du cou et l'envoya de l'autre côté de la chambre sur une chaise longue.

L'animal jeta un cri en traversant l'espace; mais, arrivé à sa destination, il se tapit derrière un coussin, et, stupéfait de ce traitement auquel il n'était point accoutumé, il se tint muet et sans mouvement.

— Savez-vous, Monsieur, dit la baronne sans sourciller, que vous faites des progrès? Ordinairement, vous n'étiez que grossier; ce soir, vous êtes brutal.

— C'est que je suis ce soir de plus mauvaise humeur qu'ordinairement, répondit Danglars.

Hermine regarda le banquier avec un suprême dédain. Ordinairement ces manières de coups d'œil exaspéraient l'orgueilleux Danglars; mais ce soir-là il parut à peine y faire attention.

— Et que me fait à moi votre mauvaise humeur? répondit la baronne irritée de l'impassibilité de son mari; est-ce que ces choses-là me regardent? Enfermez vos mauvaises humeurs chez vous, ou consignez-les dans vos bureaux, et puisque vous avez des commis que vous payez, passez sur eux vos mauvaises humeurs.

— Non pas, répondit Danglars ; vous vous fourvoyez dans vos conseils, Madame, aussi je ne les suivrai pas. Mes bureaux sont mon Pactole, comme dit, je crois, M. Demoustier, et je ne veux pas en tourmenter le cours et en troubler le calme. Mes commis sont gens honnêtes, qui me gagnent ma fortune, et que je paie un taux infiniment au-dessous de celui qu'ils méritent, si je les estime selon ce qu'ils rapportent; je ne me mettrai donc pas en colère contre eux : ceux contre lesquels je me mettrai en colère, c'est contre les gens qui mangent mes dîners, qui éreintent mes chevaux et qui ruinent ma caisse.

— Et quels sont donc ces gens qui ruinent votre caisse ? Expliquez-vous plus clairement, Monsieur, je vous prie.

— Oh ! soyez tranquille, si je parle par énigme, je ne compte pas vous en faire chercher longtemps le mot, reprit Danglars. Les gens qui ruinent ma caisse sont ceux qui en tirent sept cent mille francs en une heure de temps.

— Je ne vous comprends pas, Monsieur, dit la baronne en essayant de dissimuler à la fois l'émotion de sa voix et la rougeur de son visage.

— Vous comprenez, au contraire, fort bien, dit Danglars ; mais si votre mauvaise volonté continue, je vous dirai que je viens de perdre sept cent mille francs sur l'emprunt espagnol.

— Ah ! par exemple, dit la baronne en

ricanant, et c'est moi que vous rendez responsable de cette perte?

— Pourquoi pas?

— C'est ma faute, si vous avez perdu sept cent mille francs?

— En tout cas, ce n'est pas la mienne.

— Une fois pour toutes, Monsieur, repartit aigrement la baronne, je vous ai dit de ne jamais me parler caisse; c'est une langue que je n'ai apprise ni chez mes parents ni dans la maison de mon premier mari.

— Je le crois parbleu bien, dit Danglars, ils n'avaient le sou ni les uns ni les autres.

— Raison de plus pour que je n'aie point appris chez eux l'argot de la banque, qui me déchire ici les oreilles du matin au soir; ce bruit d'écus qu'on compte et qu'on recompte m'est odieux, et je ne sais que le son de votre voix qui me soit encore plus désagréable.

— En vérité, dit Danglars, comme c'est étrange! et moi qui avais cru que vous preniez le plus vif intérêt à mes opérations!

— Moi! et qui a pu vous faire croire une pareille sottise?

— Vous-même.

— Ah! par exemple!

— Sans doute.

— Je voudrais bien que vous me fissiez connaître en quelle occasion.

— Oh! mon Dieu! c'est chose facile. Au mois de février dernier, vous m'avez parlé la première des fonds d'Haïti; vous aviez rêvé qu'un bâtiment entrait dans le port du Hâvre, et que ce bâtiment apportait la nouvelle qu'un paiement que l'on croyait remis aux calendes grecques allait s'effectuer. Je connais la lucidité de votre sommeil; j'ai donc fait acheter en dessous mains tous les coupons que j'ai pu trouver de la dette d'Haïti, et j'ai gagné quatre cent mille francs, dont cent mille vous ont été religieusement remis. Vous en avez fait ce que vous avez voulu, cela ne me regarde pas.

En mars, il s'agissait d'une concession

de chemin de fer. Trois sociétés se présentaient, offrant des garanties égales. Vous m'avez dit que votre instinct, et quoique vous vous prétendiez étrangère aux spéculations, je crois au contraire votre instinct très-développé sur certaines matières; vous m'avez dit que votre instinct vous faisait croire que le privilège serait donné à la société dite du Midi. Je me suis fait inscrire à l'instant même pour les deux tiers des actions de cette société. Le privilège lui a été, en effet, accordé; comme vous l'aviez prévu, les actions ont triplé de valeur, et j'ai encaissé un million, sur lequel deux cent cinquante mille francs vous ont été remis à titre d'épingles. Comment avez-vous employé ces deux cent cinquante mille francs? cela n'est point mon affaire.

— Mais où donc voulez-vous en venir, Monsieur ? s'écria la baronne toute frissonnante de dépit et d'impatience.

— Patience, Madame, j'y arrive.

— C'est heureux !

— En avril, vous avez été dîner chez le ministre; on causa de l'Espagne, et vous entendîtes une conversation secrète : il s'agissait de l'expulsion de don Carlos; j'achetai des fonds espagnols. L'expulsion eut lieu, et je gagnai six cent mille francs le jour où Charles V repassa la Bidassoa. Sur ces six cent mille francs, vous avez touché cinquante mille écus; ils étaient à vous, vous en avez disposé à votre fantaisie, et je ne vous en demande pas compte; mais il n'en est pas moins vrai que vous avez reçu cinq cent mille livres cette année.

— Eh bien, après ? Monsieur.

— Ah ! oui, après ! Eh bien, c'est justement après cela que la chose se gâte.

— Vous avez des façons de dire... en vérité...

— Elles rendent mon idée, c'est tout ce qu'il me faut... Après, c'était il y a trois jours cet après-là. Il y a trois jours donc, vous avez causé politique avec M. Debray, et vous croyez voir dans ses paroles, que don Carlos est rentré en Espagne ; alors, je vends ma rente, la nouvelle se répand, il y a panique, je ne vends plus, je donne ; le lendemain, il se trouve que la nouvelle était fausse, et qu'à cette fausse nouvelle j'ai perdu sept cent mille francs.

— Eh bien?

— Eh bien! puisque je vous donne un quart quand je gagne, c'est donc un quart que vous me devez quand je perds; le quart de sept cent mille francs, c'est cent soixante-quinze mille francs.

— Mais ce que vous me dites là est extravagant, et je ne vois pas, en vérité, comment vous mêlez le nom de M. Debray à toute cette histoire.

— Parce que si vous n'avez point par hasard les cent soixante-quinze mille francs que je réclame, vous les emprunterez à vos amis, et que M. Debray est de vos amis.

— Fi donc! s'écria la baronne.

— Oh! pas de geste, pas de cris, pas de drame moderne, Madame, sinon vous me forceriez à vous dire que je vois d'ici M. Debray ricanant près des cinq cent mille livres que vous lui avez comptés cette année, et se disant qu'il a enfin trouvé ce que les plus habiles joueurs n'ont pu jamais découvrir, c'est-à-dire une roulette où l'on gagne sans mettre au jeu, et où l'on ne perd pas quand on perd.

La baronne voulut éclater.

— Misérable, dit-elle, oseriez-vous dire que vous ne saviez pas ce que vous osez me reprocher aujourd'hui?

— Je ne vous dis pas que je savais, je

né vous dis pas que je ne savais point, je vous dis : observez ma conduite depuis quatre ans que vous n'êtes plus ma femme, et que je ne suis plus votre mari ; vous verrez si elle a toujours été conséquente avec elle-même. Quelque temps avant notre rupture, vous avez désiré étudier la musique avec ce fameux baryton qui a débuté avec tant de succès au théâtre italien ; moi, j'ai voulu étudier la danse avec cette danseuse qui s'était faite une si grande réputation à Londres. Cela m'a coûté, tant pour vous que pour moi, cent mille francs à peu près. Je n'ai rien dit, parce qu'il faut de l'harmonie dans les ménages. Cent mille francs pour que l'homme et la femme sachent bien à fond la danse et la musique, ce n'est pas trop cher. Bientôt, voilà que vous vous dégoûtez du chant, et que l'idée vous vient d'étudier la diplomatie avec un secrétaire du ministre. Je vous laisse étudier. Vous comprenez; que m'importe à moi, puisque vous payez les leçons que vous prenez sur votre cassette? Mais aujourd'hui, je m'aperçois que vous tirez sur la mienne, et que votre apprentissage me peut coûter sept cent mille francs par mois. Halte-là! Madame, car cela ne peut durer ainsi. Ou le diplomate donnera des leçons... gratuites, et je le tolérerai, ou il ne remettra plus le pied dans ma maison; entendez-vous, Madame?

— Oh! c'est trop fort, Monsieur, s'écria Hermine suffoquée, et vous dépassez les limites de l'ignoble.

— Mais, dit Danglars, je vois avec plaisir que vous n'êtes pas restée en-deçà, et que vous avez volontairement obéi à cet axiome du code : « La femme doit suivre son mari. »

— Des injures.

— Vous avez raison : arrêtons nos faits, et raisonnons froidement. Je ne me suis jamais, moi, mêlé de vos affaires que pour votre bien ; faites de même. Ma caisse ne vous regarde pas, dites-vous ? Soit ; opérez sur la vôtre, mais n'emplissez ni ne videz la mienne. D'ailleurs, qui sait si tout cela n'est pas un coup de Jarnac politique ; si le ministre, furieux de me voir de l'opposition, et jaloux des sympathies populaires que je soulève, ne s'entend pas avec M. Debray pour me ruiner ?

— Comme c'est probable !

— Mais sans doute; qui a jamais vu cela... une fausse nouvelle télégraphique, c'est-à-dire l'impossible ou à peu près, des signes tout-à-fait différents donnés par les deux derniers télégraphes! C'est fait exprès pour moi en vérité.

— Monsieur, dit plus humblement la baronne, vous n'ignorez pas, ce me semble, que cet employé a été chassé, qu'on a parlé même de lui faire son procès, que l'ordre avait été donné de l'arrêter, et que cet ordre eût été mis à exécution s'il ne se fût soustrait aux premières recherches par une fuite qui prouve sa folie ou sa culpabilité... C'est une erreur.

— Oui, qui fait rire les niais, qui fait passer une mauvaise nuit au ministre, qui fait noircir du papier à MM. les secrétaires d'État, mais qui à moi me coûte sept cent mille francs.

— Mais, Monsieur, dit tout à-coup Hermine, puisque tout cela, selon vous, vient de M. Debray, pourquoi, au lieu de dire tout cela directement à M. Debray, venez-vous me le dire à moi? pourquoi accusez-vous l'homme et vous en prenez-vous à la femme?

— Est-ce que je connais M. Debray, moi? dit Danglars; est-ce que je veux le connaître? est-ce que je veux savoir qu'il donne des conseils? est-ce que je veux les suivre? est-ce que je joue? Non, c'est vous qui faites tout cela, et non pas moi!

— Mais il me semble que puisque vous en profitez...

Danglars haussa les épaules.

— Folles créatures, en vérité, que ces femmes qui se croient des génies parce qu'elles ont conduit une ou dix intrigues de façon à n'être pas affichées dans tout Paris! Mais songez donc, qu'eussiez-vous caché vos dérèglements à votre mari même, ce qui est l'A B C de l'art, parce que la plupart du temps les maris ne veulent pas voir, vous ne seriez qu'une pâle copie de ce que font la moitié de vos amies les femmes du monde. Mais il n'en est pas ainsi pour moi; j'ai vu et toujours vu; depuis seize ans à peu près, vous m'avez caché une pensée peut-être, mais pas une démarche, pas une action, pas une faute. Tandis que vous, de votre côté, vous vous applaudissiez de votre adresse et croyiez fermement me tromper, qu'en est-il résulté? C'est que, grâce à ma prétendue ignorance, depuis M. de Villefort jusqu'à M. Debray, il n'est pas un de vos amis qui n'ait tremblé devant moi. Il n'en est pas un qui ne m'ait traité en maître de la maison, ma seule prétention près de vous; il n'en est pas un, enfin, qui ait osé vous dire de moi ce que je vous en dis moi-même aujourd'hui. Je vous permets de me rendre odieux, mais je vous empêcherai de me rendre ridicule, et surtout je vous défends positivement et par-dessus tout de me ruiner.

Jusqu'au moment où le nom de Villefort avait été prononcé, la baronne avait fait assez bonne contenance; mais à ce nom elle avait pâli, et se levant comme mue par un ressort, elle avait étendu les bras comme pour conjurer une apparition, et fait trois pas vers son mari comme pour lui arracher la fin du secret qu'il ne connaissait pas, ou que, peut-être, par quelque calcul odieux comme étaient à peu près tous les calculs de Danglars, il ne voulait pas laisser échapper entièrement.

— M. de Villefort! que signifie? que voulez-vous dire?

— Cela veut dire, Madame, que M. de Nargonne, votre premier mari, n'étant ni un philosophe, ni un banquier, ou peut-être étant l'un et l'autre, et voyant qu'il n'y avait aucun parti à tirer d'un procureur du roi, est mort de chagrin ou de colère de vous avoir trouvée enceinte de six mois après une absence de neuf. Je suis brutal; non-seulement, je le sais, mais je m'en vante : c'est un de mes moyens de succès dans mes opérations commerciales. Pourquoi, au lieu de tuer, s'est-il fait tuer lui-même? Parce qu'il n'avait pas de caisse à sauver; mais moi, je me dois à ma caisse. M. Debray, mon associé, me fait perdre sept cent mille francs; qu'il supporte sa part de la perte, et nous continuerons nos affaires, sinon qu'il me fasse banqueroute de ses deux cent cinquante mille livres, et qu'il fasse ce que font les banqueroutiers, qu'il disparaisse. Eh! mon Dieu! c'est un charmant garçon, je le sais, quand ses nouvelles sont exactes; mais quand elles ne le sont pas, il y en a cinquante dans le monde qui valent mieux que lui.

Madame Danglars était atterrée; cependant, elle fit un effort suprême pour répondre à cette dernière attaque. Elle tomba sur un fauteuil, pensant à Villefort, à la scène du dîner, à cette étrange série de malheurs qui, depuis quelques jours, s'abattaient un à un sur sa maison, et changeaient en scandaleux débats le calme ouaté de son ménage.

Danglars ne la regarda même pas, quoiqu'elle fît tout ce qu'elle pût pour s'évanouir. Il tira la porte de la chambre à coucher sans ajouter un seul mot, et rentra chez lui ; de sorte que madame Danglars, en revenant de son demi-évanouissement, put croire qu'elle avait fait un mauvais rêve.

CHAPITRE VIII.

PROJETS DE MARIAGE.

Le lendemain de cette scène, à l'heure que Debray avait coutume de choisir pour venir faire, en allant à son bureau, une petite visite à madame Danglars, son coupé ne parut pas dans la cour.

A cette heure-là, c'est-à-dire vers midi et demi, madame Danglars demanda sa voiture, et sortit.

Danglars, placé derrière un rideau, avait guetté cette sortie qu'il attendait. Il donna l'ordre qu'on le prévînt aussitôt que Madame reparaîtrait, mais à deux heures elle n'était pas rentrée.

A deux heures il demanda ses chevaux, se rendit à la Chambre, et se fit inscrire pour parler contre le budget.

De midi à deux heures, Danglars était resté à son cabinet, décachetant ses dépêches, s'assombrissant de plus en plus, entassant chiffres sur chiffres, et recevant entre autres visites celle du major Cavalcanti, qui, toujours aussi bleu, aussi raide et aussi exact, se présenta à l'heure annoncée la veille pour terminer son affaire avec le banquier.

En sortant de la Chambre, Danglars qui avait donné de violentes marques d'agitation pendant la séance, et qui surtout avait été plus acerbe que jamais contre le ministère, remonta dans sa voiture, et ordonna au cocher de le conduire avenue des Champs-Élysées, n° 30.

Monte-Christo était chez lui : seulement il était avec quelqu'un, et il priait Danglars d'attendre un instant au salon.

Pendant que le banquier attendait, la porte s'ouvrit, et il vit entrer un homme habillé en abbé qui, au lieu d'attendre comme lui, plus familier que lui sans doute dans la maison, le salua, entra dans l'intérieur des appartements et disparut.

Un instant après, la porte par laquelle le prêtre était entré se rouvrit, et Monte-Christo parut.

— Pardon, dit-il, cher Baron, mais un de mes bons amis, l'abbé Busoni, que vous avez pu voir passer, vient d'arriver à Paris; il y avait fort longtemps que nous étions séparés, et je n'ai pas eu le courage de le quitter tout aussitôt; j'espère qu'en faveur du motif vous m'excuserez de vous avoir fait attendre.

— Comment donc, dit Danglars, c'est tout simple, c'est moi qui ai mal pris mon moment, et je vais me retirer.

— Point du tout, asseyez-vous donc, au contraire ; mais, bon Dieu ! qu'avez-vous donc ? vous avez l'air tout soucieux ; en vérité, vous m'effrayez : un capitaliste chagrin est comme les comètes, il présage toujours quelque grand malheur au monde.

— J'ai, mon cher Monsieur, dit Danglars, que la mauvaise chance est sur moi depuis plusieurs jours et que je n'apprends que des sinistres.

— Ah ! mon Dieu ! dit Monte-Christo, est-ce que vous avez eu une rechute à la Bourse ?

— Non, j'en suis guéri pour quelques jours du moins ; il s'agit tout bonnement pour moi d'une banqueroute à Trieste.

— Vraiment? est-ce que votre banqueroutier serait par hasard Jacopo Manfredi?

— Justement! Figurez-vous un homme qui faisait depuis je ne sais combien de temps pour huit ou neuf cent mille francs par an d'affaires avec moi. Jamais un mécompte, jamais un retard; un gaillard qui payait comme un prince... qui paie. Je me mets en avance d'un million avec lui, et ne voilà-t-il pas mon diable de Jacopo Manfredi qui suspend ses paiements!

— En vérité?

— C'est une fatilité inouïe. Je tire sur lui six cent mille livres qui me reviennent impayées, et de plus je suis encore porteur de quatre cent mille francs de lettres de change signées par lui, et payables fin courant chez son correspondant de Paris. Nous sommes le 30, j'envoie toucher, ah! bien oui, le correspondant a disparu. Avec mon affaire d'Espagne, cela me fait une gentille fin de mois.

— Mais, est-ce vraiment une perte, votre affaire d'Espagne?

— Certainement, sept cent mille francs hors de ma caisse, rien que cela.

— Comment diable avez-vous fait une pareille école, vous, un vieux loup cervier?

— Eh! c'est la faute de ma femme.

Elle a rêvé que don Carlos était entré en Espagne; elle croit aux rêves. C'est du magnétisme, dit-elle, et quand elle rêve une chose, cette chose, à ce qu'elle assure, doit infailliblement arriver. Sur sa conviction, je lui permets de jouer; elle a sa cassette et son agent de change, elle joue et elle perd. Il est vrai que ce n'est pas mon argent, mais le sien qu'elle joue. Cependant, n'importe, vous comprendrez que lorsque sept cent mille francs sortent de la poche de la femme, le mari s'en aperçoit toujours bien un peu. Comment! vous ne saviez pas cela? Mais la chose a fait un bruit énorme.

— Si fait, j'en avais entendu parler, mais j'ignorais les détails; puis je suis on ne peut plus ignorant de toutes ces affaires de bourse.

— Vous ne jouez donc pas ?

— Moi ! et comment voulez-vous que je joue ? moi qui ai déjà tant de peine à régler mes revenus. Je serais forcé, outre mon intendant, de prendre encore un commis et un garçon de caisse. Mais à propos d'Espagne, il me semble que la baronne n'avait pas tout-à-fait rêvé l'histoire de la rentrée de don Carlos. Les journaux n'ont-ils pas dit quelque chose de cela ?

— Vous croyez donc aux journaux, vous ?

— Moi, pas le moins du monde ; mais il me semble que cet honnête *Messager* faisait exception à la règle, et qu'il n'annonçait que les nouvelles certaines, les nouvelles télégraphiques.

— Eh bien ! voilà ce qui est inexplicable, reprit Danglars ; c'est que cette rentrée de don Carlos était effectivement une nouvelle télégraphique.

— En sorte, dit Monte-Christo, que c'est dix-sept cent mille francs à peu près que vous perdez ce mois-ci ?

— Il n'y a pas d'à peu près, c'est juste mon chiffre.

— Diable ! pour une fortune de troisième ordre, dit Monte-Christo avec compassion ; c'est un rude coup.

— De troisième ordre ! dit Danglars un peu humilié ; que diable entendez-vous par-là ?

— Sans doute, continua Monte-Christo, je fais trois catégories dans les fortunes : fortune de premier ordre, fortune de deuxième ordre, fortune de troisième ordre. J'appelle fortunes de premier ordre, celles qui se composent de trésors que l'on a sous la main, les terres, les mines, les revenus sur des Etats comme la France, l'Autriche et l'Angleterre, pourvu que ces trésors, ces mines, ces revenus forment un total d'une centaine de millions; j'appelle fortunes de second ordre, les exploitations manufacturières, les entreprises par association, les vices-royautés et les principautés ne dépassant pas quinze cent mille francs de revenu, le tout formant un capital d'une cinquantaine de millions; j'appelle enfin fortunes de troisième ordre, les capitaux fructifiant par intérêts composés, les gains dépendant de la volonté d'autrui ou des chances du hasard, qu'une banqueroute entame ou qu'une nouvelle télégraphique ébranle; les banques, les spéculations éventuelles, les opérations soumises enfin aux chances de cette fatalité qu'on pourrait appeler force mineure, en la comparant à la force majeure, qui est la force naturelle; le tout formant un capital fictif ou réel d'une quinzaine de millions. N'est-ce point là votre position à peu près, dites?

— Mais dame oui! répondit Danglars.

— Il en résulte qu'avec six fins de mois comme celle-ci, continua imperturbablement Monte-Christo, une maison de troisième ordre serait à l'agonie.

— Oh ! dit Danglars avec un sourire fort pâle, comme vous y allez !

— Mettons sept mois, répliqua Monte-Christo du même ton. Dites-moi : avez-vous pensé à cela quelquefois, que sept fois dix-sept cent mille francs font douze millions ou à peu près?... Non?... Eh bien! vous avez raison, car avec des réflexions pareilles on n'engagerait jamais ses capitaux, qui sont au financier ce que la peau est à l'homme civilisé. Nous avons nos habits plus ou moins somptueux, c'est notre crédit; mais quand l'homme meurt il n'a que sa peau; de même qu'en sortant des affaires, vous n'avez que votre bien réel, cinq ou six millions tout au plus; car les fortunes de troisième ordre ne représentent guère que le tiers ou le quart de leur apparence, comme la locomotive d'un chemin de fer n'est toujours, au milieu de la fumée qui l'enveloppe et qui la grossit, qu'une machine plus ou moins forte. Eh bien ! sur ces cinq ou six millions qui forment votre actif réel, vous venez d'en perdre à peu près deux, qui diminuent d'autant votre fortune fictive ou votre crédit ; c'est-à-dire, mon cher monsieur Danglars, que votre peau vient d'être ouverte par une saignée, qui réitérée quatre fois entraînerait la mort. Eh ! eh ! faites attention, mon cher monsieur Danglars. Avez-vous besoin d'argent ? Voulez-vous que je vous en prête ?

— Que vous êtes un mauvais calculateur ! s'écria Danglars en appelant à son aide toute la philosophie et toute la dissimulation de l'apparence ; à l'heure qu'il est, l'argent est rentré dans mes coffres par d'autres spéculations qui ont réussi. Le sang sorti par la saignée est rentré par la nutrition. J'ai perdu une bataille en Espagne, j'ai été battu à Trieste ; mais mon armée navale de l'Inde aura pris quelques galions ; mes pionniers du Mexique auront découvert quelque mine.

— Fort bien ! fort bien ! Mais la cicatrice reste, et à la première perte elle se rouvrira.

— Non, car je marche sur des certitudes, poursuivit Danglars avec la faconde banale du charlatan dont l'état est de prôner son crédit ; il faudrait, pour me renverser, que trois gouvernements croulassent.

— Dame ! cela s'est vu.

— Que la terre manquât de récoltes.

— Rappelez-vous les sept vaches grasses et les sept vaches maigres.

— Ou que la mer se retirât, comme du temps de Pharaon ; encore il y a plusieurs mers, et mes vaisseaux en seraient quittes pour se faire caravanes.

— Tant mieux, mille fois tant mieux, cher Monsieur Danglars, dit Monte-Christo, et je vois que je m'étais trompé et que vous rentrez dans les fortunes de second ordre.

— Je crois pouvoir aspirer à cet honneur, dit Danglars avec un de ces sourires stéréotypés qui faisaient à Monte-Christo l'effet d'une de ces lunes pâteuses dont les mauvais peintres badigeonnent leurs ruines; mais, puisque nous en sommes à parler d'affaires, ajouta-t-il, enchanté de trouver ce motif de changer la conversation, dites-moi donc un peu ce que je puis faire pour M. Cavalcanti.

— Mais, lui donner de l'argent, s'il a un crédit sur vous et que ce crédit vous paraisse bon.

— Excellent! il s'est présenté ce matin avec un bon de quarante mille francs, payable à vue sur vous, signé Busoni, et renvoyé par vous à moi avec votre endos. Vous comprenez que je lui ai compté à l'instant même ses quarante billets carrés.

Monte-Christo fit un signe de tête qui indiquait toute son adhésion.

— Mais ce n'est pas tout, continua Danglars ; il a ouvert à son fils un crédit chez moi.

— Combien, sans indiscrétion, donne-t-il au jeune homme ?

— Cinq mille francs par mois.

— Soixante mille francs par an. Je m'en doutais bien, dit Monte-Christo en haussant les épaules ; ce sont des pleutres que les Cavalcanti. Que veut-il qu'un jeune homme fasse avec cinq mille francs par mois ?

— Mais vous comprenez que si le jeune homme a besoin de quelques mille francs de plus...

— N'en faites rien, le père vous les

laisserait pour votre compte ; vous ne connaissez pas tous les millionnaires ultramontains : ce sont de véritables Harpagons. Et par qui lui est ouvert ce crédit?

— Oh! par la maison Fenzi, l'une des meilleures de Florence.

— Je ne veux pas dire que vous perdrez, tant s'en faut ; mais tenez-vous cependant dans les termes de la lettre.

— Vous n'auriez donc pas confiance dans ce Cavalcanti ?

— Moi, je lui donnerais dix millions sur sa signature. Cela rentre dans les fortunes de second ordre, dont je vous parlais tout-à-l'heure, mon cher monsieur Danglars

— Et avec cela, comme il est simple ! Je l'aurais pris pour un major, rien de plus.

— Et vous lui eussiez fait honneur; car vous avez raison, il ne paie pas de mine. Quand je l'ai vu pour la première fois, il m'a fait l'effet d'un vieux lieutenant moisi sous la contre-épaulette. Mais tous les Italiens sont comme cela; ils ressemblent à de vieux jnifs, quand ils n'éblouissent pas comme des mages d'Orient.

— Le jeune homme est mieux, dit Danglars.

— Oui. Un peu timide, peut-être; mais, en somme, il m'a paru convenable. J'en étais inquiet.

— Pourquoi cela?

— Parce que vous l'avez vu chez moi à peu près à son entrée dans le monde, à ce que l'on m'a dit, du moins. Il a voyagé avec un précepteur très-sévère, et n'était jamais venu à Paris.

— Tous ces Italiens de qualité ont l'habitude de se marier entre eux, n'est-ce pas? demanda négligemment Danglars; ils aiment à associer leurs fortunes.

— D'habitude ils font ainsi, c'est vrai; mais Cavalcanti est un original qui ne fait rien comme les autres. On ne m'ôtera pas de l'idée qu'il envoie son fils en France pour qu'il y trouve une femme.

— Vous croyez?

— J'en suis sûr.

— Et vous avez entendu parler de sa fortune?

— Il n'est question que de cela ; seulement les uns lui accordent des millions, les autres prétendent qu'il ne possède pas un paul.

— Et votre opinion à vous?

— Il ne faudrait pas vous fonder dessus ; elle est toute personnelle.

— Mais, enfin...

— Mon opinion, à moi, est que tous ces vieux podestats, tous ces anciens condottieri, car ces Cavalcanti ont commandé des armées, ont gouverné des provinces; mon opinion, dis-je, est qu'ils ont enterré des millions dans des coins que leurs aînés seuls connaissent et font connaître à leurs aînés de génération en génération; et la preuve, c'est qu'ils sont tous jaunes et secs comme leurs florins du temps de la république, dont ils conservent un reflet à force de les regarder.

— Parfait, dit Danglars; et c'est d'autant plus vrai, qu'on ne leur connaît pas un pouce de terre, à tous ces gens-là.

— Fort peu, du moins; moi, je sais bien que je ne connais à Cavalcanti que son palais de Lucques.

— Ah! il a un palais! dit en riant Danglars; c'est déjà quelque chose.

— Oui, et encore le loue-t-il au ministre des finances, tandis qu'il habite, lui, dans une maisonnette. Oh ! je vous l'ai déjà dit, je crois le bonhomme serré.

— Allons, allons, vous ne le flattez pas.

— Écoutez, je le connais à peine ; je crois l'avoir vu trois fois dans ma vie. Ce que j'en sais, c'est par l'abbé Busoni et par lui-même ; il me parlait ce matin de ses projets sur son fils, et me laissait entrevoir que, las de voir dormir des fonds considérables en Italie, qui est un pays mort, il voudrait trouver un moyen, soit en France, soit en Angleterre, de faire fructifier ses millions. Mais remarquez bien toujours que, quoique j'aie la plus grande confiance dans l'abbé Busoni personnellement, moi, je ne réponds de rien.

—N'importe, merci du client que vous m'avez envoyé; c'est un fort beau nom à inscrire sur mes registres, et mon caissier, à qui j'ai expliqué ce que c'était que les Cavalcanti, en est tout fier. A propos, et ceci est un simple détail de touriste, quand ces gens-là marient leurs fils, leur donnent-ils des dots?

— Eh! mon Dieu! c'est selon. J'ai connu un prince italien, riche comme une mine d'or, un des premiers noms de Toscane, qui, lorsque ses fils se mariaient à sa guise, leur donnait des millions, et, quand ils se mariaient malgré lui, se contentait de leur faire une rente de trente écus par mois. Admettons qu'Andrea se marie selon les vues de son père, il lui donnera peut-être un, deux, trois millions. Si c'était avec la fille d'un banquier, par exemple, peut-être prendrait-il un intérêt dans la maison du beau-père de son fils; puis, supposez à côté de cela que sa bru lui déplaise : bonsoir, le père Cavalcanti met la main sur la clef de son coffre-fort, donne un double tour à la serrure, et voilà maître Andrea obligé de vivre comme un fils de famille parisien, en biseautant des cartes ou en pipant des dés.

— Ce garçon-là trouvera une princesse bavaroise ou péruvienne ; il voudra une couronne fermée, un Eldorado traversé par le Potose.

— Non, tous ces grands seigneurs de

l'autre côté des monts épousent fréquemment de simples mortelles ; ils sont comme Jupiter, ils aiment à croiser les races. Ah çà, mais est-ce que vous voulez marier Andrea, mon cher monsieur Danglars, que vous me faites toutes ces questions-là ?

— Ma foi, dit Danglars, cela ne me paraîtrait pas une mauvaise spéculation; et je suis un spéculateur, moi.

— Ce n'est pas avec Mlle Danglars, que je présume; vous ne voudriez pas faire égorger ce pauvre Andrea par Albert?

— Albert! dit Danglars en haussant les épaules; ah! bien oui, il se soucie pas mal de cela.

— Mais il est fiancé avec votre fille, je crois ?

— C'est-à-dire que M. de Morcerf et moi nous avons quelquefois causé de ce mariage ; mais Mme de Morcerf et Albert...

— N'allez-vous pas me dire que celui-là n'est pas un bon parti ?

— Eh ! eh ! Mlle Danglars vaut bien M. de Morcerf, ce me semble !

— La dot de Mlle Danglars sera belle, en effet, et je n'en doute pas, surtout si le télégraphe ne fait plus de nouvelles folies.

— Oh ! ce n'est pas seulement la dot. Mais dites-moi donc, à propos ?

— Eh bien !

— Pourquoi donc n'avez-vous pas invité Morcerf et sa famille à votre dîner ?

— Je l'avais fait aussi, mais il a objecté un voyage à Dieppe avec madame de Morcerf, à qui on recommande l'air de la mer.

— Oui, oui, dit Danglars en riant, il doit lui être bon.

— Pourquoi cela ?

— Parce que c'est l'air qu'elle a respiré dans sa jeunesse.

Monte-Christo laissa passer l'épigramme sans paraître y faire attention.

— Mais enfin, dit le comte, si Albert n'est point aussi riche que mademoiselle Danglars, vous ne pouvez nier qu'il porte un beau nom ?

— Soit, mais j'aime autant le mien, dit Danglars.

— Certainement, votre nom est populaire, et il a orné le titre dont on a cru l'orner, mais vous êtes un homme trop intelligent pour n'avoir point compris que, selon certains préjugés trop puissamment enracinés pour qu'on les extirpe, noblesse de cinq siècles vaut mieux que noblesse de vingt ans.

— Et voilà justement pourquoi, dit Danglars avec un sourire qu'il essayait de rendre sardonique, voilà pourquoi je préférerais M. Andrea Cavalcanti à M. Albert de Morcerf.

— Mais cependant, dit Monte-Christo, je suppose que les Morcerf ne le cèdent pas aux Cavalcanti?

— Les Morcerf!... Tenez, mon cher Comte, reprit Danglars, vous êtes un galant homme, n'est-ce pas?

— Je le crois.

— Et, de plus, connaisseur en blason?

— Un peu.

— Eh bien! regardez la couleur du mien; elle est plus solide que celle du blaon de Morcerf.

— Pourquoi cela ?

— Parce que, moi, si je ne suis pas baron de naissance, je m'appelle Danglars, au moins.

— Après ?

— Tandis que lui ne s'appelle pas Morcerf.

— Comment, il ne s'appelle pas Morcerf ?

— Pas le moins du monde.

— Allons donc !

— Moi, quelqu'un m'a fait baron, de sorte que je le suis ; lui s'est fait comte tout seul, de sorte qu'il ne l'est pas.

— Impossible.

— Écoutez, mon cher Comte, continua Danglars, M. de Morcerf est mon ami, ou plutôt ma connaissance depuis trente ans ; moi, vous savez que je fais bon marché de mes armoiries, attendu que je n'ai jamais oublié d'où je suis parti.

— C'est la preuve d'une grande humilité ou d'un grand orgueil, dit Monte-Christo.

— Eh bien ! quand j'étais petit commis, moi, Morcerf était simple pêcheur.

— Et alors on l'appelait?

— Fernand.

— Tout court ?

— Fernand Mondego.

— Vous en êtes sûr ?

— Pardieu ! il m'a vendu assez de poisson pour que je le connaisse.

— Alors, pourquoi lui donniez-vous votre fille ?

— Parce que Fernand et Danglars étant deux parvenus, tous deux anoblis, tous deux enrichis, se valent au fond, sauf certaines choses cependant, qu'on a dites de lui et qu'on n'a jamais dites de moi.

— Quoi donc ?

— Rien.

— Ah ! oui, je comprends ; ce que vous me dites-là me rafraîchit la mémoire à propos du nom de Fernand Mondego. J'ai entendu prononcer ce nom-là en Grèce.

— A propos de l'affaire d'Ali-Pacha ?

— Justement.

— Voilà le mystère, reprit Danglars, et j'avoue que j'eusse donné bien des choses pour le découvrir.

— Ce n'était pas difficile, si vous en aviez eu grande envie.

— Comment cela ?

— Sans doute, vous avez bien quelque correspondant en Grèce?

— Pardieu!

— A Janina?

— J'en ai partout.

— Eh bien! écrivez à votre correspondant de Janina, et demandez-lui quel rôle a joué dans la catastrophe d'Ali Tebelin un Français nommé Fernand.

— Vous avez raison! s'écria Danglars en se levant vivement, j'écrirai aujourd'hui même.

— Faites.

— Je vais le faire.

— Et si vous avez quelque nouvelle bien scandaleuse...

— Je vous la communiquerai.

— Vous me ferez plaisir.

Danglars s'élança hors de l'appartement, et ne fit qu'un bond jusqu'à sa voiture.

CHAPITRE IX.

LE CABINET DU PROCUREUR DU ROI

Laissons le banquier revenir au grand train de ses chevaux, et suivons madame Danglars dans son excursion matinale.

Nous avons dit qu'à midi et demi madame Danglars avait demandé ses chevaux, et était sortie en voiture.

Elle se dirigea du côté du faubourg Saint-Germain, prit la rue Mazarine, et fit arrêter au passage du Pont-Neuf.

Elle descendit et traversa le passage. Elle était vêtue fort simplement, comme il convient à une femme de goût qui sort le matin.

Rue Guénégaud, elle monta en fiacre, en désignant comme le but de sa course la rue de Harlay.

A peine fut-elle dans la voiture, qu'elle tira de sa poche un voile noir très-épais, qu'elle attacha sur son chapeau de paille; puis elle remit son chapeau sur sa tête, et vit avec plaisir, en se regardant dans un petit miroir de poche, qu'on ne pouvait voir d'elle que sa peau blanche et la prunelle étincelante de son œil.

Le fiacre prit le Pont-Neuf, et entra par la place Dauphine dans la cour de Harlay; il fut payé en ouvrant la portière, et madame Danglars, s'élançant vers l'escalier, qu'elle franchit légèrement, arriva bientôt à la salle des Pas-Perdus.

Le matin, il y a beaucoup d'affaires, et encore plus de gens affairés au Palais; les gens affairés ne regardent pas beaucoup les femmes : madame Danglars traversa donc la salle des Pas-Perdus sans être plus remarquée que dix autres femmes qui guettaient leur avocat.

Il y avait encombrement dans l'antichambre de M. de Villefort; mais madame Danglars n'eut pas même besoin de prononcer son nom; dès qu'elle parut, un huissier se leva, vint à elle, lui demanda si elle n'était point la personne à laquelle M. le procureur du roi avait donné rendez-vous, et, sur sa réponse affirmative, il la conduisit par un corridor réservé au cabinet de M. de Villefort.

Le magistrat écrivait assis sur son fauteuil, le dos tourné à la porte : il entendit la porte s'ouvrir, l'huissier prononcer ces paroles : « Entrez, Madame ! » et la porte se refermer, sans faire un seul mouvement ; mais à peine eut-il senti se perdre les pas de l'huissier qui s'éloignait, qu'il se retourna vivement, alla pousser les verroux, tirer les rideaux, et visiter chaque coin du cabinet.

Puis, lorsqu'il eut acquis la certitude

qu'il ne pouvait être ni vu ni entendu; et que par conséquent il fut tranquillisé :

— Merci, Madame, dit-il, merci de votre exactitude.

Et il lui offrit un siège que madame Danglars accepta, car le cœur lui battait si fortement, qu'elle se sentait près de suffoquer.

— Voilà, dit le procureur du roi en s'asseyant à son tour, et en faisant décrire un demi-cercle à son fauteuil, afin de se trouver en face de madame Danglars, voilà bien longtemps, Madame, qu'il ne m'est arrivé d'avoir ce bonheur de causer seul avec vous, et, à mon grand regret, nous nous retrouvons pour entamer une conversation bien pénible.

— Cependant, Monsieur, vous voyez que je suis venue à votre premier appel, quoique bien certainement cette conversation soit encore plus pénible pour moi que pour vous.

Villefort sourit amèrement.

— Il est donc vrai, dit-il, répondant à sa propre pensée bien plutôt qu'aux paroles de madame Danglars; il est donc vrai que toutes nos actions laissent leurs traces, les unes sombres, les autres lumineuses, dans notre passé! il est donc vrai que tous nos pas dans cette vie ressemblent à la marche du reptile sur le sable et font un sillon! Hélas! pour beaucoup, ce sillon est celui de leurs larmes.

— Monsieur, dit madame Danglars,

vous comprenez mon émotion, n'est-ce pas? ménagez-moi donc, je vous prie. Cette chambre où tant de coupables ont passé tremblants et honteux, ce fauteuil où je m'assieds à mon tour honteuse et tremblante!... Oh! tenez, j'ai besoin de toute ma raison pour ne pas voir en moi une femme bien coupable, et en vous un juge menaçant.

Villefort secoua la tête et poussa un soupir.

— Et moi, reprit-il, et moi, je me dis que ma place n'est pas dans le fauteuil du juge, mais bien sur la sellette de l'accusé.

— Vous? dit madame Danglars étonnée.

— Oui, moi.

— Je crois que de votre part, Monsieur, votre puritanisme s'exagère la situation, dit madame Danglars, dont l'œil si beau s'illumina d'une fugitive lueur. Ces sillons, dont vous parliez à l'instant même, ont été tracés par toutes les jeunesses ardentes. Au fond des passions, au-delà du plaisir, il y a toujours un peu de remords; c'est pour cela que l'Evangile, cette ressource éternelle des malheureux, nous a donné pour soutien, à nous autres pauvres femmes, l'admirable parabole de la fille pécheresse et de la femme adultère. Aussi, je vous l'avoue, en me reportant à ces délires de ma jeunesse, je pense quelquefois que Dieu me les pardonnera, car sinon l'excuse, du moins la compensation s'en est bien trouvée dans mes souffrances ; mais vous, qu'avez-vous à craindre dans tout cela, vous autres hommes que le monde excuse, et que le scandale ennoblit?

— Madame, répliqua Villefort, vous me connaissez ; je ne suis pas un hypocrite, ou du moins je ne fais pas de l'hypocrisie sans raison. Si mon front est sévère, c'est que bien des malheurs l'ont assombri ; si mon cœur s'est pétrifié, c'est afin de pouvoir supporter les chocs qu'il a reçus. Je n'étais pas ainsi dans ma jeunesse, je n'étais pas ainsi ce soir de fiançailles où nous étions tous assis autour d'une table de la rue du Cours à Marseille. Mais, depuis, tout a bien changé, en moi et autour de moi ; ma vie s'est usée à poursuivre des choses difficiles et à briser dans les difficultés ceux qui, volontairement ou involontairement, par leur libre arbitre ou par le hasard, se trouvaient placés sur mon chemin pour me susciter ces choses. Il est rare que ce qu'on désire ardemment ne soit pas défendu ardemment par ceux de qui on veut l'obtenir ou auxquels on tente de l'arracher. Ainsi, la plupart des mauvaises actions des hommes sont venues au-devant d'eux, déguisées sous la forme spécieuse de la nécessité ; puis la mauvaise action commise dans un moment d'exaltation, de crainte et de délire, on voit qu'on aurait pu passer auprès d'elle en l'évitant. Le moyen qu'il eût été bon d'employer, qu'on n'a pas vu, aveugle qu'on était, se présente à vos yeux facile et simple ; vous vous dites : comment n'ai-je pas fait ceci au lieu de faire cela ? Vous, Mesdames, au contraire, bien rarement vous êtes tourmentées par des remords, car bien rarement la décision vient de vous; vos malheurs vous sont presque toujours imposés, vos fautes sont presque toujours le crime des autres.

— En tout cas, Monsieur, convenez-en, répondit madame Danglars, si j'ai commis une faute, cette faute fût-elle personnelle, j'en ai reçu hier soir la sévère punition.

— Pauvre femme! dit Villefort en lui serrant la main; trop sévère pour votre force, car deux fois vous avez failli y succomber, et cependant...

— Eh bien?

— Eh bien! je dois vous dire... rassemblez tout votre courage, Madame, car vous n'êtes pas encore au bout.

— Mon Dieu ! s'écria Madame Danglars effrayée, qu'y a-t-il donc encore ?

— Vous ne voyez que le passé, Madame, et certes il est sombre. Eh bien ! figurez-vous un avenir plus sombre encore, un avenir... affreux certainement... sanglant peut-être !...

La baronne connaissait le calme de Villefort; elle fut si épouvantée de son exaltation, qu'elle ouvrit la bouche pour crier, mais que le cri mourut dans sa gorge.

— Comment est-il ressuscité, ce passé terrible, s'écria Villefort; comment, du fond de la tombe et du fond de nos cœurs où il dormait, est-il sorti comme un fantôme, pour faire pâlir nos joues et rougir nos fronts ?

— Hélas! dit Hermine, sans doute le hasard!

— Le hasard! reprit Villefort; non, non, Madame, il n'y a point de hasard!

— Mais si; n'est-ce point un hasard fatal, il est vrai, mais un hasard qui a fait tout cela? n'est-ce point par hasard que le comte de Monte-Christo a acheté cette maison? n'est-ce point par hasard qu'il a fait creuser la terre? n'est-ce point par hasard enfin que ce malheureux enfant a été déterré sous les arbres? Pauvre innocente créature sortie de moi, à qui je n'ai jamais pu donner un baiser, mais à qui j'ai donné bien des larmes. Ah! tout mon cœur a volé au-devant du comte lorsqu'il a parlé de cette chère dépouille trouvée sous des fleurs.

— Eh bien ! non, Madame ; et voilà ce que j'avais de terrible à vous dire, répondit Villefort d'une voix sourde : non, il n'y a pas eu de dépouille trouvée sous les fleurs ; non, il n'y a pas eu d'enfant déterré ; non, il ne faut pas pleurer ; non, il ne faut pas gémir, il faut trembler.

— Que voulez-vous dire ? s'écria madame Danglars toute frémissante.

— Je veux dire que M. de Monte-Christo, en creusant au pied de ces arbres, n'a pu trouver ni squelette d'enfant, ni ferrures de coffre, parce que sous ces arbres il n'y avait ni l'un ni l'autre.

— Il n'y avait ni l'un ni l'autre ! redit madame Danglars, en fixant sur le procureur du roi des yeux dont la prunelle, effroyablement dilatée, indiquait la terreur ; il n'y avait ni l'un ni l'autre ! répéta-t-elle encore comme une personne qui essaie de fixer par le son des paroles et par le bruit de la voix ses idées prêtes à lui échapper.

— Non ! dit Villefort, en laissant tomber son front dans ses mains ; non, cent fois non !...

— Mais ce n'est donc point là que vous aviez déposé le pauvre enfant, Monsieur ? Pourquoi me tromper ? dans quel but, voyons, dites ?

— C'est là ; mais écoutez-moi, écoutez-moi, Madame, et vous allez me plaindre, moi qui ai porté vingt ans, sans en rejeter la moindre part sur vous, le fardeau de douleurs que je vais vous dire.

— Mon Dieu! vous m'effrayez! mais n'importe, parlez, je vous écoute.

— Vous savez comment s'accomplit cette nuit douloureuse où vous étiez expirante sur votre lit, dans cette chambre de damas rouge, tandis que moi, presque aussi haletant que vous, j'attendais votre délivrance. L'enfant vint, me fut remis, sans mouvement, sans souffle, sans voix : nous le crûmes mort.

Madame Danglars fit un mouvement rapide, comme si elle eût voulu s'élancer de sa chaise.

Mais Villefort l'arrêta en joignant les mains, comme pour implorer son attention.

— Nous le crûmes mort, répéta-t-il; je le mis dans un coffre qui devait remplacer le cercueil, je descendis au jardin, je creusai une fosse et l'enfouis à la hâte. J'achevais à peine de le couvrir de terre, que le bras du Corse s'étendit vers moi. Je vis comme une ombre se dresser, comme un éclair reluire. Je sentis une douleur, je voulus crier, un frisson glacé me parcourut tout le corps et m'étreignit à la gorge... Je tombai mourant, et me crus tué. Je n'oublierai jamais votre sublime courage, quand, revenu à moi, je me traînai expirant jusqu'au bas de l'escalier, où, expirante vous-même, vous vîntes au-devant de moi. Il fallait garder le silence sur la terrible catastrophe; vous eûtes le courage de regagner votre maison, soutenue par votre nourrice; un duel fut le prétexte de ma blessure. Contre toute attente, le secret nous fut gardé à tous deux ; on me transporta à Versailles; pendant trois mois, je luttai contre la mort; enfin, comme je parus me rattacher à la vie, on m'ordonna le soleil et l'air du midi. Quatre hommes me portèrent de Paris à Châlon, en faisant six lieues par jour. Madame de Villefort suivait le brancard dans sa voiture. A Châlon, on me mit sur la Saône, puis je passai sur le Rhône, et, par la seule vitesse du courant, je descendis jusqu'à Arles, puis d'Arles, je repris ma litière et continuai mon chemin pour Marseille. Ma convalescence dura dix mois; je n'entendais plus parler de vous, je n'osai m'informer de ce que vous étiez devenue. Quand je revins à Paris, j'appris que, veuve de M. de Nargonne, vous aviez épousé M. Danglars.

A quoi avais-je pensé depuis que la connaissance m'était revenue? Toujours à la même chose, toujours à ce cadavre d'enfant qui, chaque nuit, dans mes rêves, s'envolait du sein de la terre, et planait au-dessus de la fosse en me menaçant du regard et du geste. Aussi, à peine de retour à Paris, je m'informai ; la maison n'avait pas été habitée depuis que nous en étions sortis, mais elle venait d'être louée pour neuf ans. J'allai trouver le locataire, je feignis d'avoir un grand désir de ne pas voir passer entre des mains étrangères cette maison qui appartenait au père et à la mère de ma femme, j'offris un dédommagement pour qu'on rompît le bail ; on me demanda six mille francs, j'en eusse donné dix mille, j'en eusse donné vingt mille. Je les avais sur moi, je fis, séance tenante, signer la résiliation, puis, lorsque je tins cette cession tant désirée, je partis au galop pour Auteuil. Personne, depuis que j'en étais sorti, n'était entré dans la maison.

Il était cinq heures de l'après-midi, je montai dans la chambre rouge et j'attendis la nuit.

Là, tout ce que je me disais depuis un an dans mon agonie continuelle, se représenta bien plus menaçant que jamais à ma pensée.

Ce Corse qui m'avait déclaré la vendetta, qui m'avait suivi de Nîmes à Paris; ce Corse, qui était caché dans le jardin, qui m'avait frappé, m'avait vu creuser la fosse, il m'avait vu enterrer l'enfant ; il pouvait en arriver à vous connaître; peut-être vous connaissait-il... Ne vous ferait-il pas payer un jour le secret de cette terrible affaire?... Ne serait-ce pas pour lui une bien douce vengeance, quand il apprendrait que je n'étais pas mort de son coup de poignard? Il était donc urgent qu'avant toute chose, et à tout hasard, je fisse disparaître les traces de ce passé, que j'en détruisisse tout vestige matériel; il n'y aurait toujours que trop de réalité dans mon souvenir.

C'était pour cela que j'avais annulé le bail, c'était pour cela que j'étais venu, c'était pour cela que j'attendais.

La nuit arriva, je la laissai bien s'épaissir; j'étais sans lumière dans cette chambre, où des souffles de vent faisaient trembler les portières derrière lesquelles je croyais toujours voir quelque espion embusqué ; de temps en temps je tressaillais, il me semblait derrière moi, dans ce lit, entendre vos plaintes, et je n'osais me retourner. Mon cœur battait dans le silence, et je le sentais battre si violemment que je croyais que ma blessure allait se rouvrir; enfin j'entendis s'éteindre, l'un après l'autre, tous ces bruits divers de la campagne. Je compris que je n'avais plus rien à craindre, que je ne pouvais être ni vu ni entendu, et je me décidai à descendre.

Écoutez, Hermine, je me crois aussi brave qu'un autre homme, mais lorsque je retirai de ma poitrine cette petite clef de l'escalier, que j'avais retrouvée dans mes habits, cette petite clef que nous chérissions tous deux, et que vous aviez voulu faire attacher à un anneau d'or, lorsque j'ouvris la porte, lorsque, à travers les fenêtres, je vis une lune pâle jeter, sur les degrés en spirale, une longue bande de lumière blanche pareille à un spectre, je me retins au mur et je fus près de crier ; il me semblait que j'allais devenir fou.

Enfin je parvins à me rendre maître de moi-même. Je descendis l'escalier marche à marche; la seule chose que je n'avais pu vaincre, c'était un étrange tremblement dans les genoux. Je me cramponnai à la rampe; si je l'eusse lâchée un instant, je me fusse précipité.

J'arrivai à la porte d'en bas ; en dehors de cette porte, une bêche était posée contre le mur. Je la pris et je m'avançai vers le massif. Je m'étais muni d'une lanterne sourde; au milieu de la pelouse, je m'arrêtai pour l'allumer, puis je continuai mon chemin.

Novembre finissait, toute la verdure du jardin avait disparu, les arbres n'étaient plus que des squelettes aux longs bras décharnés, et les feuilles mortes criaient avec le sable sous mes pas.

L'effroi m'étreignait si fortement le cœur, qu'en approchant du massif je tirai un pistolet de ma poche et l'armai. Je croyais toujours voir apparaître à travers les branches la figure du Corse.

J'éclairai le massif avec ma lanterne sourde; il était vide. Je jetai les yeux tout autour de moi, j'étais bien seul; aucun bruit ne troublait le silence de la nuit, si ce n'est le chant d'une chouette qui jetait son cri aigu et lugubre comme un appel aux fantômes de la nuit.

J'attachai ma lanterne à une branche fourchue que j'avais déjà remarquée un an auparavant, à l'endroit même où je m'arrêtai pour creuser la fosse.

L'herbe avait, pendant l'été, poussé bien épaisse à cet endroit, et, l'automne venu, personne ne s'était trouvé là pour la faucher. Cependant, une place moins garnie attira mon attention ; il était évident que c'était là que j'avais retourné la terre. Je me mis à l'œuvre.

J'en étais donc arrivé à cette heure que j'attendais depuis plus d'un an !

Aussi, comme j'espérais, comme je travaillais, comme je sondais chaque touffe de gazon, croyant sentir de la résistance au bout de ma bêche ; rien ! et cependant je fis un trou deux fois plus grand que n'était le premier. Je crus m'être abusé, m'être trompé de place ; je m'orientai, je regardai les arbres, je cherchai à reconnaître les détails qui m'avaient frappé. Une bise froide et aiguë sifflait à travers les branches dépouillées, et cependant la sueur ruisselait sur mon front. Je me rappelai que j'avais reçu le coup de poignard au moment où je piétinais la terre pour recouvrir la fosse ; en piétinant cette terre, je m'appuyais à un faux ébénier ; derrière moi était un rocher artificiel destiné à servir de banc aux promeneurs ; car en tombant, ma main, qui venait de quitter l'ébénier, avait senti la fraîcheur de cette pierre. A ma droite était le faux ébénier, derrière moi était le rocher; je tombai en me plaçant de même, je me relevai et me remis à creuser et à élargir le trou : rien! toujours rien! le coffret n'y était pas.

— Le coffret n'y était pas! murmura madame Danglars, suffoquée par l'épouvante.

— Ne croyez pas que je me bornai à cette tentative, continua Villefort; non. Je fouillai tout le massif; je pensais que l'assassin, ayant déterré le coffre et croyant que c'était un trésor, avait voulu s'en emparer, l'avait emporté; puis, s'apercevant de son erreur, avait fait à son tour un trou et l'y avait déposé; rien. Puis il me vint cette idée qu'il n'avait point pris tant de précautions, et l'avait purement et simplement jeté dans quelque coin. Dans cette dernière hypothèse, il me fallait, pour faire mes recherches, attendre le jour. Je remontai dans la chambre et j'attendis.

— Oh! mon Dieu!

— Le jour venu, je descendis de nouveau. Ma première visite fut pour le massif; j'espérais y retrouver des traces qui m'auraient échappé pendant l'obscurité. J'avais retourné la terre sur une superficie de plus de vingt pieds carrés et sur une profondeur de plus de deux pieds. Une journée eût à peine suffi à un homme salarié pour faire ce que j'avais fait, moi, en une heure. Rien, je ne vis absolument rien.

Alors je me mis à la recherche du coffre, selon la supposition que j'avais faite qu'il avait été jeté dans quelque coin. Ce devait être sur le chemin qui conduisait à la petite porte de sortie ; mais cette nouvelle investigation fut aussi inutile que la première, et, le cœur serré, je revins au massif, qui lui-même ne me laissait plus aucun espoir.

— Oh ! s'écria madame Danglars, il y avait de quoi devenir fou !

— Je l'espérai un instant, dit Villefort, mais je n'eus pas ce bonheur ; cependant, rappelant ma force, et par conséquent mes idées :

— Pourquoi cet homme aurait-il emporté ce cadavre ? me demandai-je.

— Mais vous l'avez dit, reprit madame Danglars, pour avoir une preuve.

— Eh! non, Madame, ce ne pouvait plus être cela; on ne garde pas un cadavre un an, on le montre à un magistrat, et l'on fait sa déposition. Or, rien de tout cela n'était arrivé.

— Eh bien! alors?... demanda Hermine toute palpitante.

— Alors, il y a quelque chose de plus terrible, de plus fatal, de plus effrayant pour nous, il y a que l'enfant était vivant peut-être, et que l'assassin l'a sauvé.

Madame Danglars poussa un cri terrible, et saisissant les mains de Villefort :

— Mon enfant était vivant! dit-elle, vous avez enterré mon enfant vivant, Monsieur! Vous n'étiez pas sûr que mon enfant était mort, et vous l'avez enterré! ah!...

Madame Danglars s'était redressée et elle se tenait devant le procureur du roi, dont elle serrait les poignets entre ses mains délicates, debout et presque menaçante.

— Que sais-je? Je vous dis cela comme je vous dirais autre chose, répondit Villefort avec une fixité de regard qui indiquait que cet homme si puissant était près d'atteindre les limites du désespoir et de la folie.

— Ah! mon enfant, mon pauvre enfant! s'écria la baronne, retombant sur sa chaise et étouffant ses sanglots dans son mouchoir.

Villefort revint à lui, et comprit que, pour détourner l'orage maternel qui s'amassait sur sa tête, il fallait faire passer chez madame Danglars la terreur qu'il éprouvait lui-même.

— Vous comprenez alors que si cela est ainsi, dit-il, en se levant à son tour, et en s'approchant de la baronne pour lui parler d'une voix plus basse, nous sommes perdus ; cet enfant vit, et quelqu'un sait qu'il vit, quelqu'un a notre secret ; et puisque Monte-Christo parle devant nous d'un enfant déterré où cet enfant n'était plus, ce secret, c'est lui qui l'a.

— Dieu! Dieu juste! Dieu vengeur! murmura madame Danglars.

Villefort ne répondit que par une espèce de rugissement.

— Mais cet enfant, cet enfant, Monsieur? reprit la mère obstinée.

— Oh! que je l'ai cherché, reprit Villefort en se tordant les bras; que de fois je l'ai appelé dans mes longues nuits sans sommeil! que de fois j'ai désiré une richesse royale pour acheter un million de secrets à un million d'hommes, et pour trouver mon secret dans les leurs! Enfin, un jour que pour la centième fois je reprenais la bêche, je me demandai pour la centième fois aussi ce que le Corse avait pu faire de l'enfant; un enfant embarrasse un fugitif; peut-être en s'apercevant qu'il était vivant encore, l'avait-il jeté dans la rivière.

— Oh! impossible, s'écria madame Danglars; on assassine un homme par vengeance, on ne noie pas de sang-froid un enfant!

— Peut-être, continua Villefort, l'avait-il mis aux Enfants-Trouvés.

— Oh! oui, oui! s'écria la baronne, mon enfant est là, Monsieur!

— Je courus à l'hospice, et j'appris que cette nuit même, la nuit du 20 septembre, un enfant avait été déposé dans le tour; il était enveloppé d'une moitié de serviette en toile fine, déchirée avec intention. Cette moitié de serviette portait une moitié de couronne de baron et la lettre H.

— C'est cela, c'est cela, s'écria madame Danglars, tout mon linge était marqué ainsi; M. de Nargonne était baron, et je m'appelle Hermine. Merci, mon Dieu, mon enfant n'était pas mort!

— Non, il n'était pas mort.

— Et vous me le dites! vous me dites cela sans craindre de me faire mourir de joie, Monsieur? Où est-il? où est mon enfant?

Villefort haussa les épaules.

— Le sais-je? dit-il; et croyez-vous que si je le savais, je vous ferais passer par toutes ces épreuves et par toutes ces gradations, comme le ferait un dramaturge ou un romancier? Non, hélas! non! je ne le sais pas. Une femme, il y avait six mois environ, était venue réclamer l'enfant avec l'autre moitié de la serviette. Cette femme avait fourni toutes les garanties que la loi exige, et on le lui avait remis.

— Mais il fallait vous informer de cette femme, il fallait la découvrir.

— Et de quoi pensez-vous donc que je me sois occupé, Madame? J'ai feint une instruction criminelle, et tout ce que la police a de fins limiers, d'adroits agents, je les ai mis à sa recherche. On a retrouvé ses traces jusqu'à Châlons; à Châlons, on les a perdues.

— Perdues ?

— Oui, perdues ; perdues à jamais.

Madame Danglars avait écouté ce récit avec un soupir, une larme, un cri pour chaque circonstance.

— Et c'est tout ? dit-elle, et vous vous êtes borné là ?

— Oh ! non, dit Villefort, je n'ai jamais cessé de chercher, de m'enquérir, de m'informer. Cependant, depuis deux ou trois ans, je m'étais donné quelque relâche. Mais aujourd'hui je vais recommencer avec plus de persévérance et d'acharnement que jamais ; et je réussirai, voyez-vous, car ce n'est plus la conscience qui me pousse, c'est la peur.

— Mais, reprit madame Danglars, le comte de Monte-Christo ne sait rien ; sans quoi, il me semble, il ne nous rechercherait point comme il le fait.

— Oh ! la méchanceté des hommes est bien profonde, dit Villefort, puisqu'elle est plus profonde que la bonté de Dieu. Avez-vous remarqué les yeux de cet homme tandis qu'il nous parlait ?

— Non.

— Mais l'avez-vous examiné profondément parfois?

— Sans doute il est bizarre, mais voilà tout; une chose m'a frappée seulement, c'est que de tout ce repas exquis qu'il nous a donné, il n'a rien touché, c'est que d'aucun plat il n'a voulu prendre sa part.

— Oui! oui! dit Villefort, j'ai remarqué cela aussi. Si j'avais su ce que je sais maintenant, moi non plus je n'eusse touché à rien ; j'aurais cru qu'il voulait nous empoisonner.

— Et vous vous seriez trompé, vous le voyez bien.

— Oui, sans doute; mais croyez-moi, cet homme a d'autres projets ; voilà pourquoi j'ai voulu vous voir, voilà pourquoi j'ai demandé à vous parler, voilà pourquoi j'ai voulu vous prémunir contre tout le monde, mais contre lui surtout. Dites-moi, continua Villefort, en fixant plus profondément encore qu'il ne l'avait fait jusque-là ses yeux sur la baronne, vous n'avez parlé de notre liaison à personne?

— Jamais, à personne.

— Vous me comprenez, reprit affectueusement Villefort, quand je dis à personne, pardonnez-moi cette insistance, à personne au monde, n'est-ce pas?

— Oh! oui, oui, je comprends très-bien, dit la baronne en rougissant; jamais, je vous le jure.

— Vous n'avez point l'habitude d'écrire le soir ce qui s'est passé dans la matinée? vous ne faites pas de journal?

— Non! Hélas! ma vie passe, emportée par la frivolité; moi-même je l'oublie.

— Vous ne rêvez pas haut que vous sachiez?

— J'ai un sommeil d'enfant ; ne vous le rappelez-vous pas ?

Le pourpre monta au visage de la baronne, et la pâleur envahit celui de Villefort.

— C'est vrai, dit-il, si bas, qu'on l'entendit à peine.

— Eh bien? demanda la baronne.

— Eh bien! je comprends ce qu'il me reste à faire, reprit Villefort; avant huit jours d'ici, je saurai ce que c'est que M. de Monte-Christo, d'où il vient, où il va, et pourquoi il parle devant nous des enfants qu'on déterre dans son jardin.

Villefort prononça ces mots avec un accent qui eût fait frissonner le comte s'il eût pu les entendre.

Puis il serra la main que la baronne répugnait à lui donner, et la reconduisit avec respect jusqu'à la porte.

Madame Danglars reprit un autre fiacre qui la ramena au passage, de l'autre côté duquel elle retrouva sa voiture et son cocher, qui, en l'attendant, dormait paisiblement sur son siège.

FIN DU NEUVIEME VOLUME.

ŒUVRES COMPLÈTES D'EUGÈNE SUE.

66 volumes in-8.

Le Juif errant	10
Les Mystères de Paris	10
Mathilde	6
Deux Histoires	2
Le Marquis de Létorière	1
Deleytar	2
Jean Cavalier	4
Le Morne au Diable	2
Thérèse Dunoyer	2
Latréaumont	3
La Vigie de Koat-Ven	4
Paula Monti	2
Le Commandeur de Malte	2
Plick et Plock	1
Atar-Gull	2
Arthur	4
Coucaratcha	3
La Salamandre	2
Histoire de la Marine	4